蔡志忠作品

蔡志忠 編繪

Tsai Chih-chung

禪宗解密

Interpreting Zen

目錄

序

學佛的目的是什麼？

西元五二七年（梁大通元年）九月一日，菩提達摩乘船來到中國從廣州上岸。這時中國梁武帝是個非常喜歡佛法的皇帝，平時經常著佛衣，吃齋念佛。同年十月一日，達摩受梁武帝之邀到首都南京。

梁武帝說：「我自即位以來，供養佛僧，建佛寺，抄佛經無數，究竟有多大功德？」

達摩說：「毫無功德可言！你所做的只是世俗果報而已，談不上

真功德。真功德是圓融純淨智慧，本體空寂，不可能用世俗方法得到它。」

其實不只是梁武帝誤以為供養佛僧、建佛寺、抄佛經可以得福報，當時很多佛教信徒也是如此。

《太平廣記・報應篇》裡，收集兩百多則誦唱佛經能消災解厄的靈驗故事：

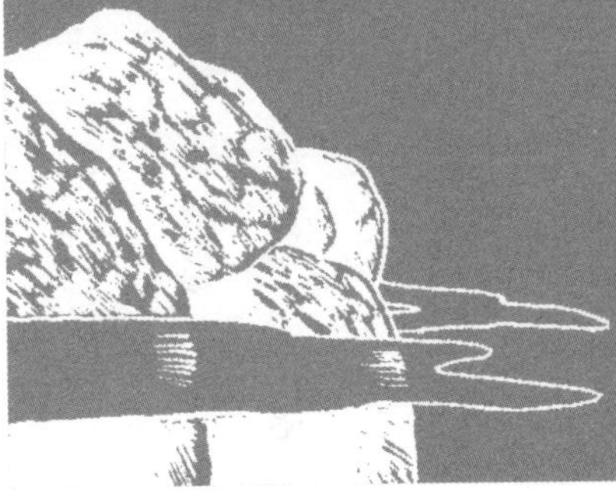

〈弘明和尚誦法華經〉

南齊和尚弘明到山陰雲門寺出家，他貞忠吃苦守戒律，整日誦讀《法華經》不停，因而感動了天童子，每天早晨水瓶自然而滿。他每天天亮前打坐，老虎常趴在室內陪他坐禪。

〈念金剛經解厄〉

北魏國子博士盧景裕，註解《周易》、《論語》。他也信奉佛教，跟兄長一起念經拜佛。節閔帝初年，鄉人反叛，逼他一起對付西魏，後來被捕押於晉陽監獄。盧景裕誠心念《金剛經》，結果枷鎖自己脫落。齊神武做宰相，特意寬恕了他。

〈孟知儉下陰間〉

唐朝孟知儉年少有病，忽然死去，看見一座府衙，遇到一個老朋友在此當都官。

孟知儉問：「我為何來到這裡？」

都官說：「這是陰間。」

孟知儉說：「我陽壽未到，讓我回去吧。」

都官說：「你平生沒修福德，怎能讓你回去呢？」

孟知儉說：「我一生誦讀《心經》及《高王經》。雖然記不住次數，應該有三、四萬遍了。」

都官重新檢驗果真如此，於是放孟知儉回陽間。

唐朝詩人白居易是彌勒信徒，一生信仰佛教，從他的《答客說》一詩中發現，他希望死後轉世到兜率天為彌勒佛前弟子。

吾學空門非學仙，恐君此說是虛傳。

海山不是我歸處，歸即應歸兜率天。

蘇東坡一生信佛，也虔信西方極樂世界。紹聖元年，蘇東坡被宋哲宗由定州貶為海南島太守，他帶著道潛禪師所送的阿彌陀佛畫像隨行。

有人問他說：「為何帶阿彌陀佛畫像？」

蘇東坡說：「這是將來我往生時，進入西方淨土的通行證。」

蘇東坡臨終前，對三個兒子說：「我一生諸惡不作，死後必到西方淨土，你們不用替我落淚傷心。」

佛不是站在對面，我們所企求的對象，而是我們要通過修行，使自己成為佛。直到今天還是有很多人念經拜佛，捐款給佛教團體，是希望自己能獲得菩薩保佑，為了自家利益。

我畫了很多漫畫佛經與禪宗故事，有很多人問我學佛參禪的要領。通常我會直截了當問他：「你學佛的目的為的是什麼？」

一般而言，一般人大都跟梁武帝、白居易、蘇東坡的境界一樣，信佛禮佛是為了此世能得福報和死後能到西方淨土。我說：「學佛不是做生意，投入成本希望能獲利。學佛的目的是使自己成佛，而不是為了死後能往生西方極樂世界。」

學佛的目的是什麼？學佛不是為了死後上西方淨土，人生的一切苦難大都是產生於我們的那顆心！

修行最主要的功課是：心的調伏。

學佛的目的是：通過觀照自己的心，使自己成為身的主人、成為心的主人。

自古以來，很多宗派修行的目的不是為了利己，回教蘇菲苦行教派的觀念就很正確。

一個蘇菲對上天禱告說：「主啊！如果我崇拜你，是由於懼怕地獄，就把我投入地獄吧。主啊！如果我崇拜你，是由於渴望天堂，就拒絕我進入天堂。」

蘇菲教派的著名學者哈拉智說：

我即我所愛，所愛就是我；
精神分彼此，同寓一軀殼，
見我便見他，見他便見我。

猶太教聖典中有一則故事：

神對信徒說：「我有四個小孩，你也有四個子女。」
信徒問：「什麼是我的四個子女？」
神說：「你的四個子女是：兒子、女兒、男僕、女僕。我的四個小孩是：寡婦、孤兒、異鄉人、僧侶。」

信徒說：「是的，我的主。」

神說：「我會照顧你的子女，請你也替我照顧我的小孩。」

信徒說：「是的，我的主。」

日本有位桃水禪師，他晚年不住寺院，也不接受供養，只以釀醋為生，終日混跡乞丐之中。有一天，乞丐朋友送他一張阿彌陀佛像，禪師將佛像掛在牆上。

桃水禪師說：「阿彌陀佛啊，我房子窄，只能將你當作過客暫居在此，我可不是求你助我往生極樂國土呀！」

信仰不是商場投資做生意，真正的崇拜不是為了利己。

學佛修行不是為了死後來世，而是為了這輩子的此時此地。

過去七佛對佛弟子的共通教誡講得很清楚，揚州高旻寺的大雄寶殿門口四根大柱上明白的寫著這十六個字：

「諸惡莫做、眾善奉行、自淨其意、是諸佛教。」

人生的一切苦難大都產生於我們的那顆心！正確學佛的目的應該是：透過佛陀所教導的方法修行，遠離痛苦煩惱和貪瞋癡三毒，悟通生命的實相，而達致智慧彼岸的無苦境界。因此佛教可以說是「心的調御」之教。

修行主要功課是：自淨其意、心的調伏。學佛的目的是：通過觀照自己的心，成為身心的主人，當家作主。

學佛除了不要幹壞事要做好事之外，最重要的是改變自己過去不正確的習性和錯誤的觀念，淨化自己的心不受紅塵世間所誘惑，處於任何情境，心如同潭面不因為月影穿潭底而波動。這樣一來我們面對任何際遇時便能辦到：

風來疏竹，風過而竹不留聲；
雁渡寒潭，雁去而潭不留影。

學佛修行真正的目的是為了使我們能成為身心的主人，不再被生活周邊事物所影響，而達到唐朝懶瓚禪師的境界：

世事悠悠不如山丘，臥藤蘿下塊石枕頭；
不朝天子豈羨王侯，生死無慮更復何憂。

讓我們傾聽寂靜彼岸的開悟者所傳來的歌唱：「我成為自己身心的主人，不再為紅塵俗世的貪欲渴望所左右，我是自己的主，我掌握自己的心自己的身，走自己的路出自己的人生之道。」

第 I 章

禪的由來

東漢時自白馬馱經，佛教東傳中土之後，佛教一直是中國主要信仰之一。

六朝時期晉室南遷，避亂江南的士大夫把崇尚佛學、老莊的清談之風帶到江南。很多僧人都是般若、老、莊一起談，思想上基本不分彼此。

禪在印度原本只是打坐的禪那，中國禪宗是天竺僧人與中土修行僧眾和道家居士們相互激盪所創出的，因此禪宗內含很多老莊思

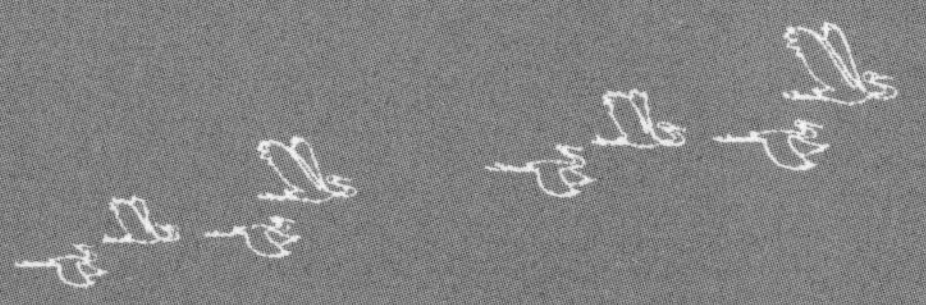

想，佛學與道家心靈相遇，成為新奇、獨特的學派。禪宗犀利的機鋒問答，也很像六朝清談。

描述六朝清談共一千一百二十八則故事的《世說新語》中，很多充滿禪趣，有如禪宗公案一般。

上人當是逆風家

有位從北方過江來的和尚很有才思，他和支道林和尚在瓦官寺相遇，兩人一起研討《小品經》。

竺法深和尚、孫興公也去聽。

這位北方和尚屢次設下疑難問題，支道林答辯分析透徹，言辭氣概爽朗，這位和尚總是被駁倒。

孫興公問竺法深說：

「上人應該是頂風上人士，為何一句話也不說？」

竺法深笑笑，沒有回答。

支道林說：「白檀香並不是不香，但逆風怎能聞到香呢！」

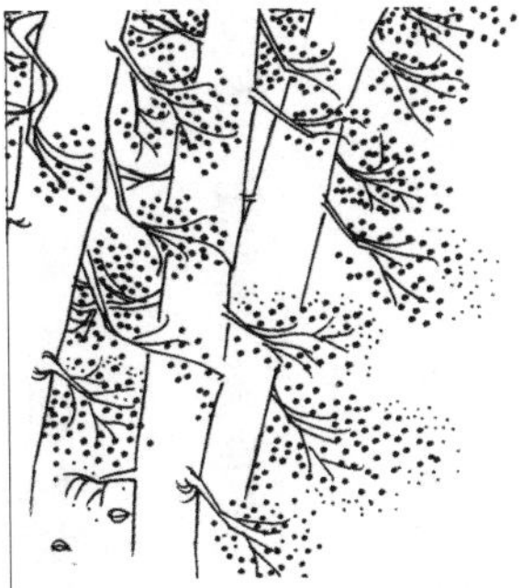

支道林愛馬

高僧支道林養了幾匹馬。

有人問他：「和尚養馬不太好吧。」

支道林說：「世人愛馬的形體，我愛的是馬的神駿。」

既無文殊，誰能見賞

高僧支道林寫《即色論》，寫好之後拿給北中郎將王坦之看。王坦之一句話也沒說。

支道林說：「你是默記在心吧？」

王坦之說：「既無文殊菩薩在此，誰能賞識我的用意呢！」

支道林買山

高僧支道林託人跟竺法深買岶山。

竺法深回答說：「沒有聽說巢父、許由買山來隱居。」

陶練之功不可誣

佛經認為擺脫煩惱、修鍊智慧，就可以成佛。

南梁簡文帝說：「不知是否就可以達到最高的境界？然而，道家陶冶鍛鍊的功效，還是不可以抹殺的。」

桑榆之光無遠照

惠遠和尚住在廬山，雖年老還是不斷宣講佛經。

弟子中有人不肯好好學，惠遠說：「我像落日餘暉，照不長久，你們像早晨陽光，應該越來越亮呀！」

於是拿佛經登壇，誦經響亮流暢，言辭神態懇切。高足弟子都肅然起敬。

聖人有情不？

僧意住在瓦官寺，王苟子到來，和他一起談玄理，便讓他先開個頭。

僧意問王苟子：「佛有感情沒有？」

王說：「沒有。」

僧意又問道：「那麼佛像柱子一樣嗎？」

王說：「佛有如籌碼，雖然沒有感情，可是使用它的人有感情。」

僧意又問：「誰來使用佛呢？」

王苟子回答不了就走了。

廉者不求，貪者不予

庾法暢有一把名貴拂塵，常常隨身不離，有一天他帶著拂塵去找庾亮。

庾亮問：「這麼好的拂塵怎會一直留在你身上？」

庾法暢說：「不貪心的人不會跟我要，貪心的人我不會給他，所以一直留在我手中。」

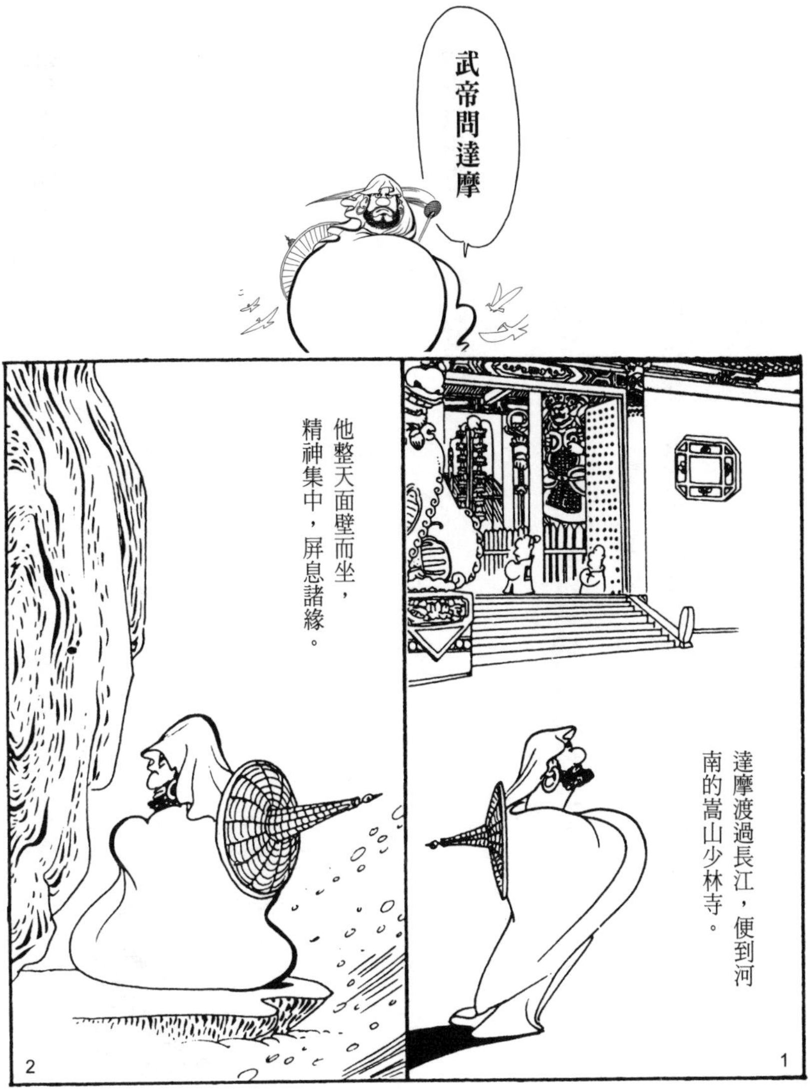
武帝問達摩
達摩渡過長江，便到河南的嵩山少林寺。
他整天面壁而坐，精神集中，屏息諸緣。

我不是佛

這則故事跟禪宗趙州公案很像：

有一位秀才住在寺中讀書，自以為聰明，常以禪機和趙州禪師論辯。

有一天問禪師道：「佛陀慈悲，普度眾生時總是恆順他的心願，不違眾生所求，不知是不是如此？」

趙州禪師回答說：「是的！」

秀才又說：「我很想要禪師您手中那根拄杖，不知是否可以滿願得到？」

趙州一口拒絕說：「君子不奪人所好的道理，你懂嗎？」

秀才機辯道：「我不是君子。」

趙州說：「我也不是佛。」

第2章

什麼是禪？

兩千五百年前，佛陀在靈鷲山為大眾說法，他拿出一朵蓮花示眾，一語不發。

眾人皆困惑不解，只有迦葉尊者會心微笑。

佛陀於是對眾人說：

「我有照見真理的法眼，體證涅槃的妙心，

證悟最後實相的法門，那是不立文字和教外別傳的，

現在我把它傳給摩訶迦葉。」

於是迦葉成為禪宗的初祖，拈花微笑便是禪宗的起源。

禪來自於美麗傳說，禪宗在一花一笑間誕生了。

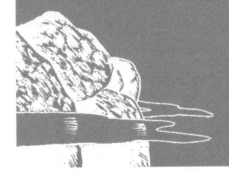

什麼是禪？

弟子問：「什麼是禪？」

禪師說：「禪是通過生活的實踐，獲得真切活在世間的智慧。」

弟子問：「什麼是坐禪？」

禪師說：「面對情境心念不起，名為坐。內見自性如如不動，名為禪。」

弟子問：「什麼是禪定？」

禪師說：「外離相名禪，內不亂為定。見一切諸境，自心不亂，才是真定。」

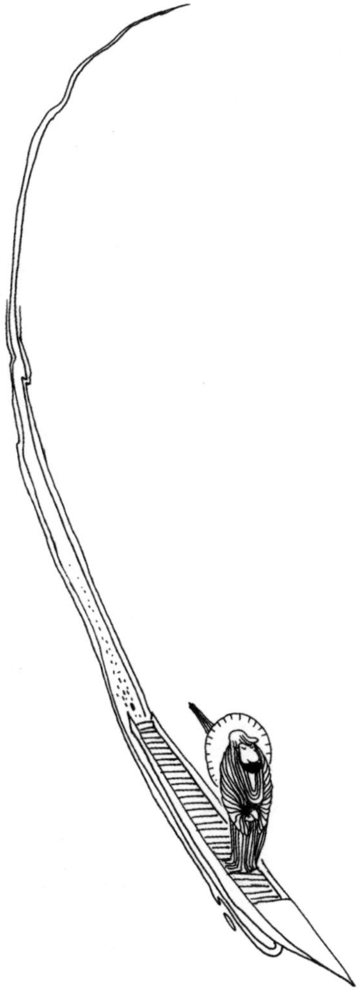

禪是獨覺

當初佛陀最重要的兩位弟子：獨覺第一迦葉、聲聞第一阿難。

聲聞即觀經、聞佛說法，依佛陀的真理而行。

獨覺即親身體驗佛陀的教導獨自修行，如同森林中闖蕩的犀牛一樣勇猛。

讀萬卷書、不如行萬里路，

行萬里路、不如閱人無數，
閱人無數、不如高人點渡，
高人點渡、不如自己頓悟！

正確的答案有兩種：

一種來自於聞法得知，一種來自於自己體悟。

聲聞讀萬卷書，得高人點渡。

但真正明白生命的真理，唯有親身頓悟，

獨覺第一迦葉即是禪宗西天二祖。

禪是佛教的神祕主義

每個宗教，都會孕育一批神祕主義者。

神祕主義講求親身經驗的主張，不經由教會、祭師、律法，而直接與神接觸及融合為一的悟道傳授方法。

例如基督教的靈智主義、猶太教的卡巴拉、回教的蘇菲苦行教派。

佛教的神祕主義則是禪宗。

禪，不是知識，不是宗教，

不是哲學，不是科學，不是心理學。

禪講求頓悟，修行者觀心靜慮，通過自己的親身體驗，覺悟出無我境界之妙，體悟出生命的真如實相。

頓悟即是猛然悟通豁然開朗，完全明白生命的真實意義。

如果你問：「禪說什麼？」
表面上它什麼都沒說。

如果你說：「禪什麼都沒說。」
實質上它什麼都說了。

自無始以來，禪一直存在於無涯的時空之中。

世間隨時隨處都能見到禪，問題在於我們能不能體會。

無論是哲學、佛學、禪學，所談的都是人生悟道之學，攸關每個人自己的一生大事！

人生之前從何而來？
死後將會從何而去？

禪，最大的天敵。人一生中最重要的覺悟！

一個人到了四十歲還沒有覺悟，如同死亡！

每個人在自己的一生中應該要想通這輩子的人生之路要怎麼走、怎麼過？悟通自己的人生目的然後依實行進。

禪宗悟道的方法是：看透一切、包容一切、以喜悅的心去看事物的本來面目。

禪宗悟道的微妙法門是超越文字、語言、數理，不能用邏輯思考，而是用體會才能了解領悟。

禪宗以心為宗

禪就是我們的心；心就是禪的體。

洞見心的本性，即得禪的精髓。

禪宗不鼓勵誦經、禮佛，而是把佛陀的思想直接實踐於生活的每一細節裡。

禪不落入無謂的經論、空談，它只能通過切身的實踐才能領會。

學禪、打坐、修行不是為了獲得，而是要捨去一切過往的錯誤觀念、認知。

禪，不說生之前；不說死之後。

不說過去；不說將來。

它最重要的法門是觀察：此時、此地、此刻、當下、剎那、瞬間！

生命是件很奇妙的事！無論我們的一生有多長，我們永遠只能兌現：此時、此地、剎那、當下、瞬間的微小切片時間。我們不能讓時間回頭，也不能讓時間快走。

我們唯一能夠做的就是：「把握任何當下、為自己負責！」

禪就是生命的態度

人生之前從何而來？
死後將會從何而去？

這些與人生無關的無謂問題不是哲學、佛學、禪學所關心的主題，活著的每個當下才是生命的重點。

禪七
不語戒
四個學僧互相約定：靜默打坐七天中不得開口說話……
頭一天他們都靜默不語，但到了深夜，燭火忽明忽暗……
啊！火要熄了。
我們應該一言不發的呀！
！
你們為什麼要講話呢？
！
！
哈哈哈，只有我沒有講話！
很多人在告誡別人、指正別人的錯誤時，很可能自己也正抱持著「錯誤」。

無我

禪是由一顆沒被污染的心，與純淨的宇宙真理產生共鳴！

頓悟的覺悟者霎時完全明白生命的真諦是：「我們唯有達致無我的狀態，才能真正融入於生命；我們只能在自我完全消失之時，才能達致最高的喜悅。」

禪宗傳承與眾不同：

不立文字，教外別傳。直指人心，見性成佛。

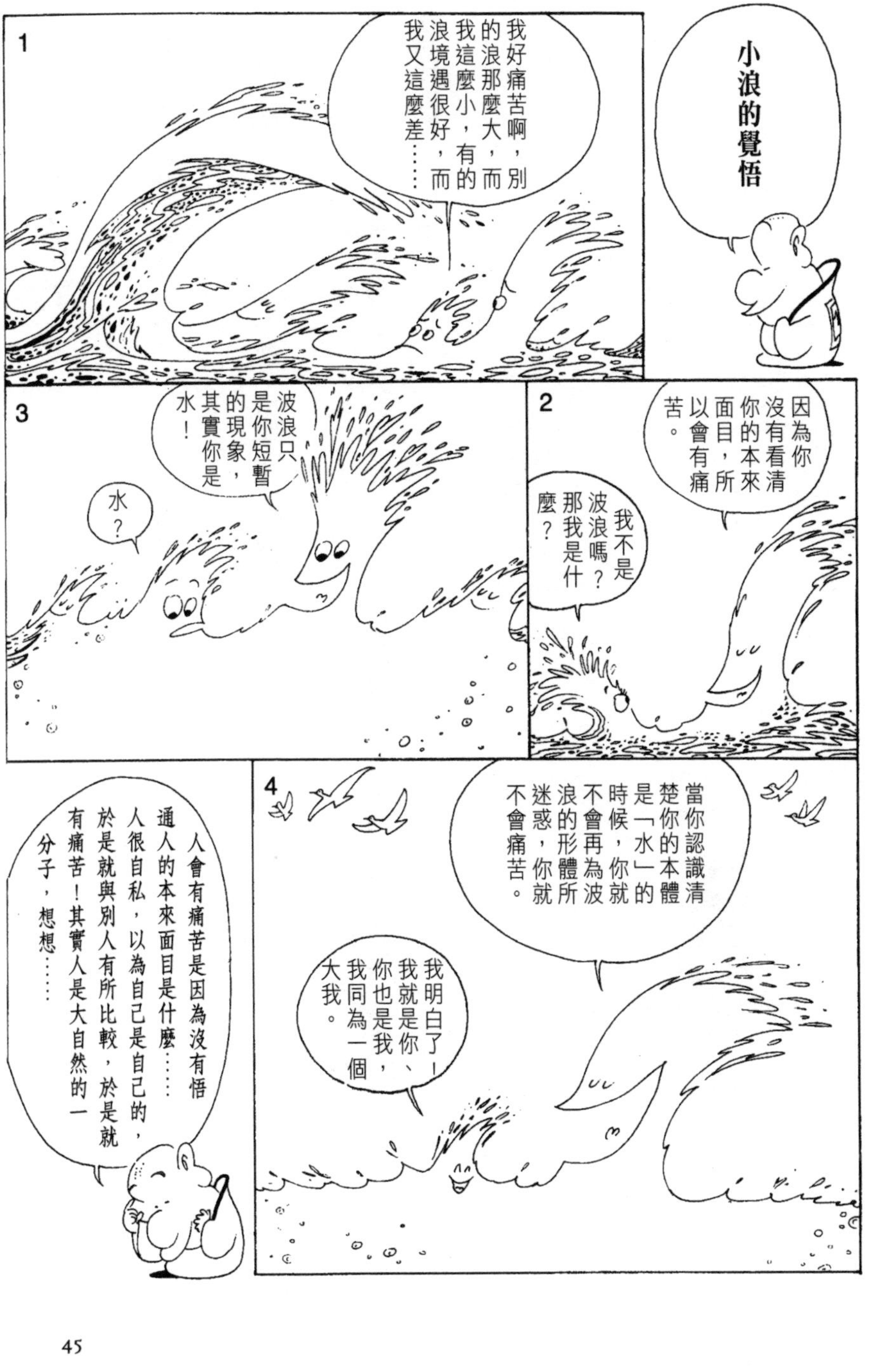
小浪的覺悟
1
我好痛苦啊，別的浪那麼大，而我這麼小，有的浪境遇很好，而我又這麼差……
2
因為你沒有看清你的本來面目，所以會有痛苦。
我不是波浪嗎？那我是什麼？
3
波浪只是你短暫的現象，其實你是水！
水？
4
當你認識清楚你的本體是「水」的時候，你就不會再為波浪的形體所迷惑，你就不會痛苦。
我明白了！我就是你、你也是我，我同為一個大我。
人會有痛苦是因為沒有悟通人的本來面目是什麼……人很自私，以為自己是自己的，於是就與別人有所比較，於是就有痛苦！其實人是大自然的一分子，想想……

不立文字

一個人飽讀經書，而不去實行，只是一隻背著大捆經典的驢子。

禪宗講求實踐不重視言說，禪不依據固定的佛教經論。

禪宗的本源，是佛的正覺，不在語言文字上領會正覺的意義。禪是活生生的體驗，不存在任何的言語文字中。

穿衣吃飯即是修行
修道的人是什樣的人呢？
就像我。
大師也要修行嗎？
修行不外乎穿衣……
吃飯。
這是日常瑣碎的事情，究竟什麼叫修行呢？
你以為我每天在做什麼呢？
修行即指從寒暄、洗臉、吃飯等細節都要誠心誠意，每日奉行，誠意地完成每件事而使之與真理產生共鳴。

教外別傳

禪宗是創造性的宗派，它不依據固定的經論，沒有複雜的思想體系，沒有神祕的宗教儀式。是經論言教以外的另一傳承，即「教外別傳」。

直指人心

內見自性不動，名為禪。

見則直下便見，擬思即差。

禪宗是直指人心，明心見性。

見性成佛

禪不是通過講經說法傳道，禪以個人覺悟為首要任務。

禪，不往外尋求，
而是用己心與真理相通，
使自己成為身心的主人。

藉教悟宗

禪，藉教悟宗。就是透過佛陀的言教，悟通禪宗的根本要義。以一躍而入直截了當的方式，直接傳承佛陀心髓達致開悟。

自古以來，很多人離開他的家園親人，遁入佛門去參禪。他們不惜費那麼大的工夫去參究，究竟是為了什麼？悟道之後又會得到什麼？

如果我們拿這問題去問了悟生命實相的禪師們，通常他們會回答說：「無！」

無我、無我所

「迷時三界有，悟後十方空。」

覺悟者們身處於真空無想、無念、無心、無我的寂靜境界。但平凡的凡夫們如何才能悟得「空無」的最高境界呢？

將追求一切有，轉為捨去一切積習。拋去「這是我，這是我所有」的觀念。

用心若鏡

如何降伏我們的心，令它不產生無謂的妄想、妄念？

最好的辦法是：讓我們的心跟鏡子學習，一面鏡子可以照映無窮多次而不破、不壞。

因為鏡子不思過去、不思將來，鏡子永遠只反映現在。

我們的心也可以達到鏡子的境界。

如果把心當成鏡子一樣使用，便是心的正確使用方法……

事情還沒來時不期待，事情去了不追悔，事情發生之時完全如實反映，

因此可以照映無限次數都不會損傷分毫。

空境

天空一無所有，天空之奇貴，

也正因一無所有可容納天下萬物。

心也應該如此，純淨的心包容一切，但無任何塵世雜質。

什麼是空的最高狀態？

眼生時無有來處，眼滅時無有去處：如是眼不實而生，生已盡滅、有業報而無作者。

當我們遭遇任何情境時不要想它怎麼來，也不要想它怎麼去。

只有參與情境變化的行為，
而沒有參與行為的那個「我」存在，
這便是「空」的最高狀態。

變化才是宇宙實相

一切因緣生、一切因緣滅。

一切事物皆依因緣生、依因緣滅的道理是永遠不變的。

因此變異、無常，是宇宙中永恆不變的真理。

諸行無常，是異變法。

凡是存在的，必然會變異。凡是不變的，必然不存在。

一切都是因緣

我們的身體是由父母的緣而生出，心也是依經驗知識想法培育而成。因此身、心都依因緣而成立，依因緣而變遷。

花開、花落、吹風、下雨，

一切都依因緣生，依因緣滅。

一切因緣滅

人的痛苦是有原因的，
人的覺悟解脫也是有道可循的。

苦生、苦滅，一切都是：
依因緣而生，依因緣而滅。

好雪片片
不落別處
有一次，龐蘊居士去參拜藥山禪師。臨別之際，藥山禪師派十位弟子送他出門。
你們替我送客吧。
是。
!
好雪片片，每片都落到該落的位置……
落到哪裡？
像你這樣：「眼明而瞎；能言而如啞」也敢稱禪客？
天下萬物，無論鉅細貴賤，皆有其容身處，各有各的位置，恰到好處，若問為何？本來如此！

一切皆因為執著

人的憂愁、悲傷、鬱悶、痛苦等煩惱，是由何而起呢？

這些都是由於人的「執著」而生。

執著於財富、名位、快樂、自我優越等，

於是才產生痛苦、煩惱。

杯茶禪道
一位學者向「南隱」問禪，南隱以茶相待。
他將茶水倒入杯中，茶滿了但他還是繼續倒……
師父，茶已經滿出來了，不要再倒了。
你就像這只茶杯一樣，裡面裝滿了你自己的看法。你不先把自己的杯子空掉，叫我如何對你說禪？
是
心中有自己的成見，就聽不見別人的真言。兩人對談，多數人急著表達自己的意見，結果聽到的除了自己的聲音以外，什麼都不曾得到。

痛苦來自：一切不如實知

人由於一切不如實知，乃生「無明」，無明即是不明事理實相。

於是有著諸多我執、貪欲、染著。

執著產生了煩惱、痛苦，如果我們能拔除我執，

一切煩惱痛苦自然消逝無形。

一絲不掛
如果能做到內心裡一絲都不掛，如何？
不掛什麼？
不掛一絲。
這不是又掛了嗎？
！
一絲不掛應連一絲不掛的想法都要從心中掃除。「佛」不固執於「佛」時，佛就自能顯現。唯有這樣才能把握禪的真理。

無明和貪愛

執著，緣起於人們心中的無明和貪愛。

無明，就是一切不如實知，

不知道一切事物都是變異、無常性。

貪愛，是貪婪於自己得不到的東西，生起執著愛慕染著。

人心不足
有一農夫，在山野中挖到一座價值連城的金羅漢。
哇！金羅漢！
最少有一百多斤的金子打造的呢。
農夫的妻子高興地說：「拿去變賣，我們這一輩子便不愁吃穿了。」
他的家人和親友都很為他高興。
可是農夫卻悶悶不樂，整天愁眉苦臉的坐著沉思……
……
妻子問他說：「撿到鎏金羅漢你應該高興才是，怎麼悶悶不樂呢？」
憂愁啊……
農夫說：「我在想另外那十七尊金羅漢在哪裡？如果我們能找到那十七尊金羅漢，我們馬上就變成更有錢的人了！」
富不富有，不在於金錢的多寡，而在於知不知足。

一切本無差別

一切事物原本無所謂好、壞、善、惡的差別。

是人站在自己的立場，由於無明、貪愛的作用，才自己分出際遇的好壞差別。

人常興起錯誤的念頭，這是由於內心的愚癡執著自我，乃造成行為乖張和迷惑之身。

渡女過河
1
坦山和尚與一年輕和尚走在路上看見一位漂亮的女孩過不了河。
2
我抱你過河。
3
師父，謝謝您了，再見！
4
他倆繼續走了半天路程……
5
我們出家人不是不近女色嗎？剛才你為什麼要那樣做？
6
哦！你說那個女人嗎？
我早就把她放下了，你還抱著嗎？
!
渡人過河的，心中並沒有抱持著女色，坦坦然無牽無掛。一直抱持著女色的不正是那個小和尚嗎？

一切苦緣膽心

以業為田，以心為種子，無明之土滋以貪愛之雨，灌溉自我之水，

於是不正當的見解日益增長，結果產生了迷惑之身。

這個充滿悲苦、煩惱、迷惘的世界，緣起於我們的這個心。

人決定自己的天堂地獄

迷亂的世界，無非只是心所反映顯現出的影子，
而覺悟的世界同樣也是由心所顯現。

我們的心決定我們所處的境界，
我們的心決定我們的天堂、地獄。

禪宗的傳承

祖師西來，駐錫少林傳承禪宗，

少林寺成為禪宗祖庭，天下第一名剎。

中國的禪宗是由少林寺開始展布！

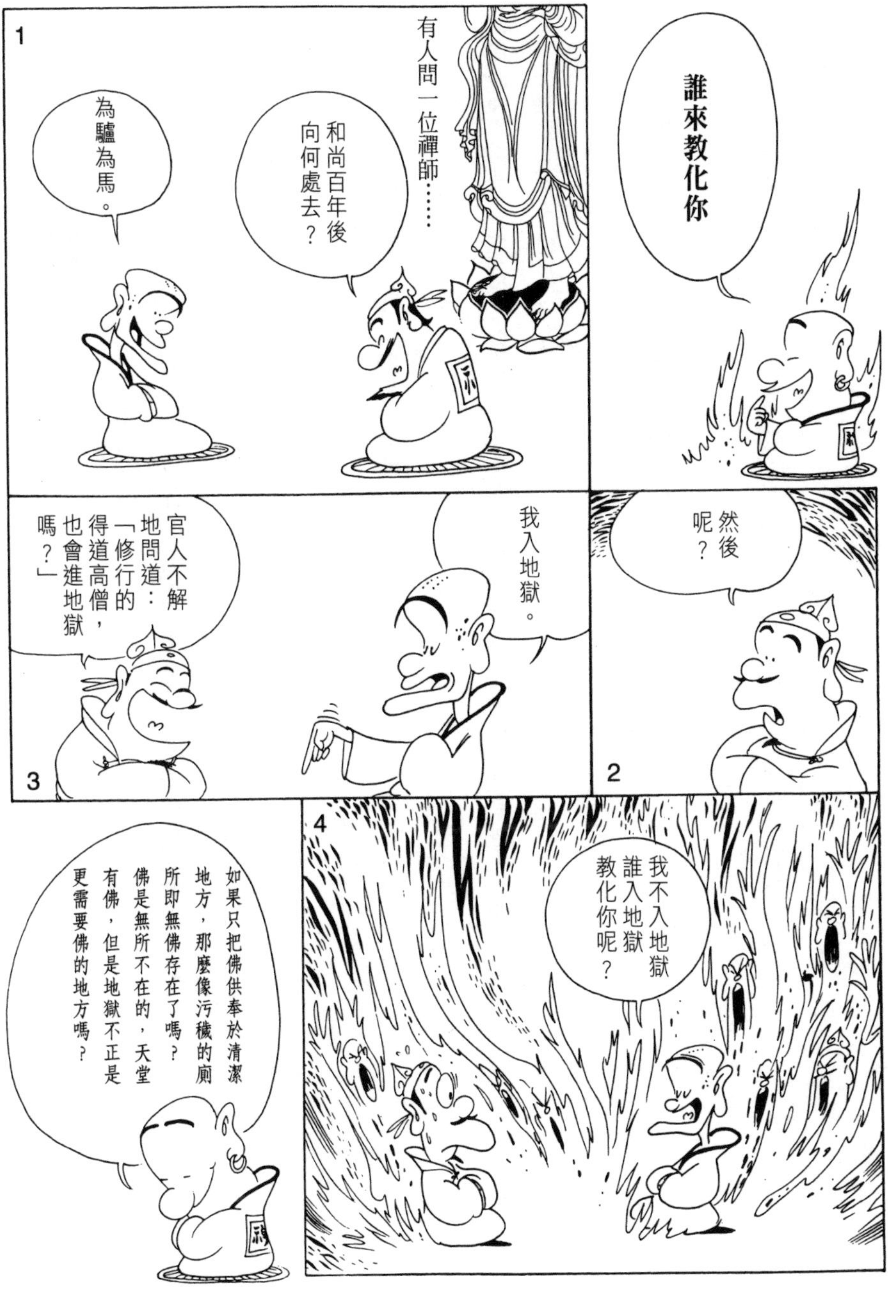
有人問一位禪師……
和尚百年後向何處去？
為驢為馬。
然後呢？
我入地獄。
官人不解地問道：「修行的得道高僧，也會進地獄嗎？」
我不入地獄誰入地獄教化你呢？
誰來教化你
如果只把佛供奉於清潔地方，那麼像污穢的廁所即無佛存在了嗎？佛是無所不在的，天堂有佛，但是地獄不正是更需要佛的地方嗎？

二祖慧可

北魏太和十年十二月九日，有位名叫神光的禪僧為了求法，就通宵站在洞外不動。

達摩問：「你一直站在雪中，究竟有什麼心願？」

神光說：「但願師父打開甘露之門拯救眾生，請教我佛法吧。」

達摩說：「諸佛為求無上的悟道，不惜花費無限時間去修行。你憑極小的決心來求大法，我想你是很難如願的。」

「哇～」神光為了求法，竟然拿刀砍了自己一條手臂。

達摩說：「諸佛為了求法，不把身體當身體，不把生命當生命。你斷臂求法也是一種很好的行為。」

神光說：「請師父為弟子安心。」

達摩說：「你拿心來，我將為你安心。」

神光說：「我已尋了很久，可是找不出心來。」

達摩說：「假如你能找到的話，那又怎能算是你的心呢？我已經給你安好了心，你現在明白嗎？」

神光說：「明白了！」

達摩說：「諸法本空寂，因此菩薩才不動念，不動念才能登涅槃之岸。」

於是達摩師祖就收神光為弟子，並替他改名為慧可。

慧可得髓
1
西元五三六年，達摩覺得應該離去了便召集弟子。
2
你們談談自己的悟境吧。
3
我們應該不執著於文字，也不捨棄文字，要把文字當作一種求道的工具來運用。
4
你只得到我的皮。
5
依我所了解的，就像慶喜看到了阿閦佛國，一見便不再見。
6
你只得到我的肉。

地水火風本來是空的，眼耳鼻舌身也非實有，整個世界沒有一法存在。
你只得到我的骨。
最後輪到慧可，他向達摩行了一個禮，便站著不動。
哈哈哈哈哈哈
你已得到了我的髓。
於是，慧可便成為禪宗的二祖，接續達摩祖師廣度眾生的工作。

三祖僧璨

西元五五九年，有位居士來膜拜慧可大師。

居士說：「我大概是前世作孽，才為風疾所苦，請大師為我懺悔！」

慧可說：「你把罪拿出來，我替你懺悔。」

居士說：「我找了半天，卻找不到罪。」

慧可說：「我已經替你懺悔完畢，現在就請你皈依佛、法、僧三寶。」

居士說：「我拜見大師算是知道了僧，但不知道什麼叫佛和法？」

慧可說：「心就是佛也是法，佛和法並無差別。明白了，罪這種東西既不在內，也不在外，更不在中間。我收你為徒，傳你正法眼，替你命名為璨。」

僧璨後來繼承了慧可，成為禪宗的三祖。

四祖道信

僧璨大集眾生，廣施正法之雨，這時有位少年僧侶前來膜拜。

少年僧侶問：「什麼心才算是佛心？」

僧璨說：「你現在的心是什麼心？」

少年僧侶說：「我現在沒有心。」

僧璨說：「連你都沒有心了，佛又如何能有心呢？」

少年僧侶說：「但願師父能指示一條解脫的法門。」

僧璨說：「誰綁住了你？」

少年僧侶說：「沒有人綁住我。」

僧璨說：「既然誰也沒綁住你，那你就是已經解脫，為何還要求解脫法門呢？」

這位僧侶當下大悟，他就是禪宗的四祖道信。

五祖弘忍

弘忍小時候家裡很窮，母親帶著他到處行乞，他七歲時在路上遇見了四祖道信禪師。

四祖發現這孩子骨相奇特，感嘆道：「這不是個平常的孩子，如果他出家修道，二十年後，必能繼承佛法慧命。」

四祖於是問小孩說：「你姓什麼？」

小孩道：「我有姓，但不是普通的姓。」

四祖問：「不是普通的姓？是什麼姓？」

小孩道：「是佛性。」

四祖又問：「你難道沒有姓嗎？」

小孩道：「姓氏只是一時假名，其性本空，所以說無姓。」

四祖知道這孩子是個法器，請求他母親讓孩子出家，弘忍的母親把孩子捨給四祖做弟子。四祖遂給他起了法號「弘忍」。

四祖道信傳五祖，再由五祖將衣缽傳給六祖慧能。

六祖慧能

六祖慧能可稱為中國禪的師祖，由他展開了生氣蓬勃的中國禪宗。

菩提本無樹，明鏡亦非台。
本來無一物，何處惹塵埃。

禪宗一脈相傳到六祖慧能時，達到最興盛高潮。六祖慧能是個不世出的天才，他的思想言行被弟子編成了《六祖壇經》。壇經的每一言，每一字都像活泉所噴出的泉水一樣清新入骨。六祖慧能的弟子們一花開五葉：曹洞宗、溈仰宗、臨濟宗、雲門宗、法眼宗五個宗派傳承到後世花開遍地。

印證達摩祖師所說「吾本來茲土，傳法救迷情，一花開五葉，結果自然成」的預言。

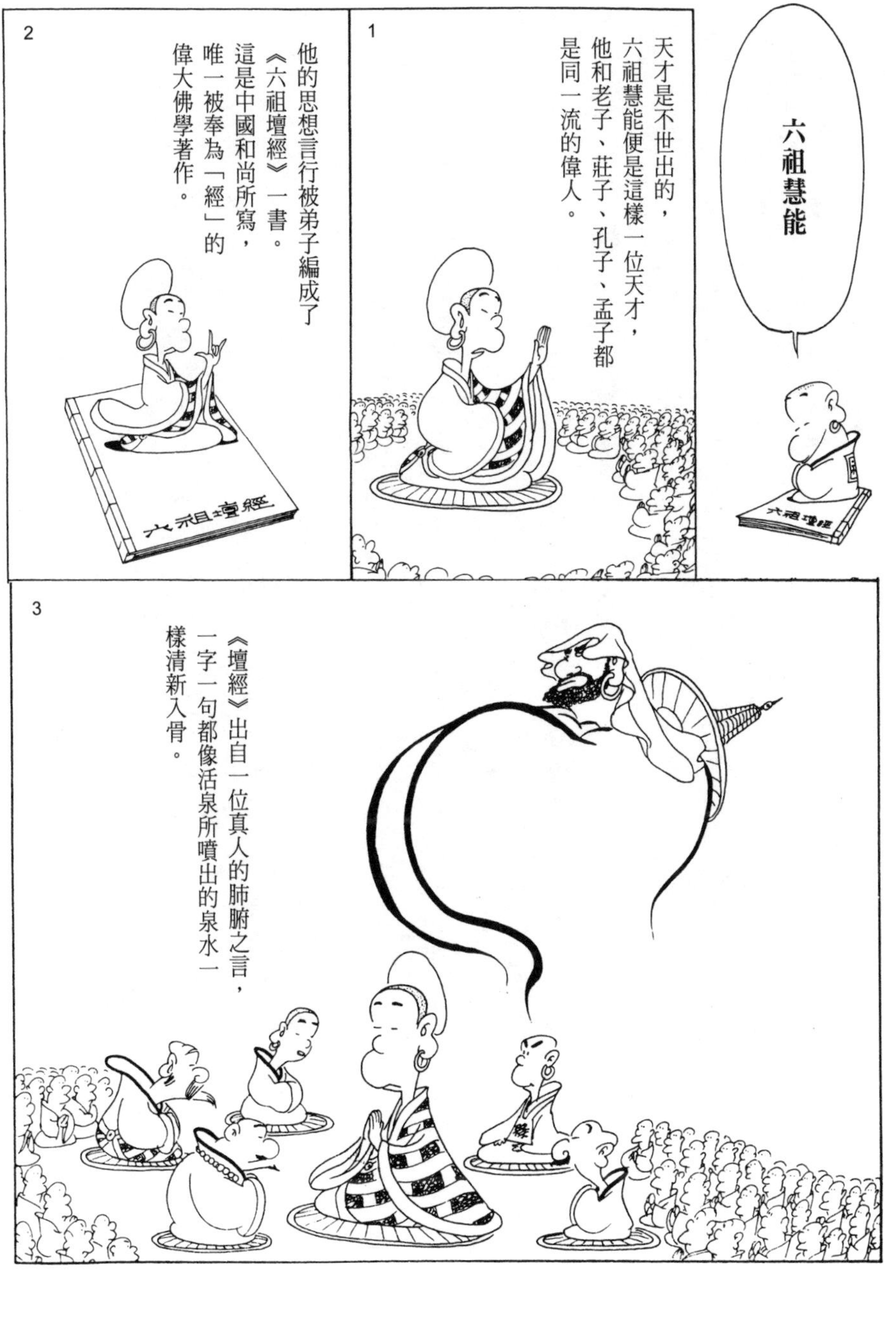
六祖慧能
1
天才是不世出的，
六祖慧能便是這樣一位天才，
他和老子、莊子、孔子、孟子都
是同一流的偉人。
2
他的思想言行被弟子編成了
《六祖壇經》一書。
這是中國和尚所寫，
唯一被奉為「經」的
偉大佛學著作。
六祖壇經
3
《壇經》出自一位真人的肺腑之言，
一字一句都像活泉所噴出的泉水一
樣清新入骨。

第3章 禪的故事

安禪不必須山水，
滅卻心頭火自涼。

禪師向來都是用隱喻來說法，用故事比喻真理。弟子聽完，跟禪師抱怨說：「我無法理解您所說的意思。」

禪師說：「因為我拿出來的是一盒珍珠，而你所看到只是外表的盒子。」

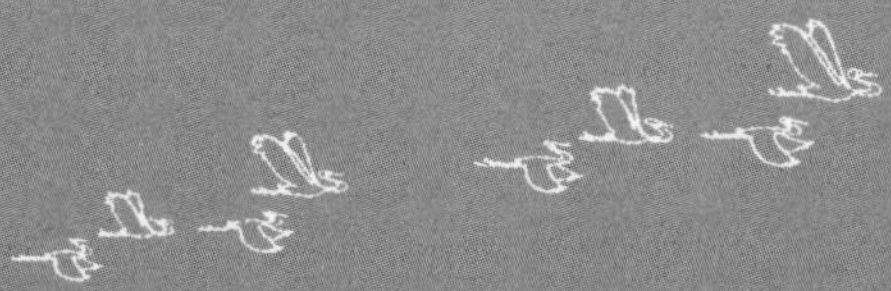

弟子說：「老師，你何不直接告訴我們故事的隱喻？」

禪師說：「我給你一顆水果，但不能替你吃掉果肉。」

《景德傳燈錄》裡有很多禪宗公案，由於故事裡有很多禪宗術語，有些難懂，但禪趣往往就在這似懂非懂之間。

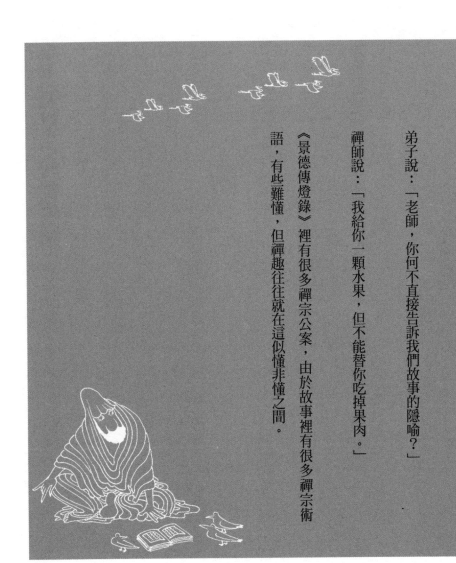

來去無常，何曾生滅

杜鴻漸當宰相時，有一次與保唐無住禪師在寺院裡面論說禪道。

杜相國問：「什麼是不生不滅？」這時，庭前樹上有隻烏鴉正在啼叫。

無住禪師問：「你聽到烏鴉的啼聲嗎？」

杜相國回答說：「聽到。」

烏鴉叫過之後飛走了，無住禪師再問：「現在你還聽到烏鴉的啼聲嗎？」

杜相國說：「烏鴉飛走了，聽不到啼聲了。」

無住禪師說：「我還能聽到烏鴉的啼聲！」

杜相國問：「烏鴉已經飛走了，為何你還能聽到烏鴉啼聲？」

無住禪師說：「有聞無聞，非關聞性，本來不生，何曾有滅？」

杜相國說：「是的，師父。」

無住禪師說：「不隨聲生，不隨聲滅；悟此聞性，則免聲塵之所轉。當知聲無常，聞無生滅，故烏鴉有去來，而吾人聞性則無去來。」

杜相國終於契入禪道，說：「師父，我懂了。」

不明大事

洞山問僧人：「世間什麼最苦？」

僧人回答：「地獄最苦。」

洞山說：「不對！」

僧人問：「那麼什麼才最苦？」

洞山說：「穿著僧衣而不明真理，才是最苦。」

平常心是道

有一天，趙州請教南泉：「什麼是道？」

南泉回答說：「平常心是道。」

趙州不解其意，再問之：「有目標可以遵循嗎？」

南泉回答：「如果你有目標就會產生偏差。」

趙州再問：「沒有目標會封閉意念，怎麼看得到『道』呢？」

南泉回答說：「道不在知或不知之間，知不知都著了物相，知的相是妄覺，不知是麻木。而平常心是道，是在簡單樸實日常生活中體認到生命的真相。」

夜遊

仙崖禪師的一位學僧經常晚上偷偷爬過院牆到外面去遊樂，仙崖禪師夜裡巡寮時，發現牆角有一張高腳的凳子，知道有人溜到外面去。

他不驚動別人，就順手把凳子移開，自己站在凳子的地方，等候學僧歸來。

夜深時，遊罷歸來的學僧，不知凳子已經移走，一跨腳就踩在仙崖禪師的頭上，隨即跳下地來，才看清是禪師，慌得不知如何是好！

但仙崖禪師毫不介意的安慰道：「夜深露重不要著涼，趕快回去多穿一件衣服。」

全寺大眾無人知道這件事，仙崖禪師後來也沒提起，但從此以後，全寺一百多個學僧，再也沒有人出去夜遊了。

無心打無心

有一位官員到寺院遊訪，問禪師說：「出家修行念經持誦時，為何要敲打木魚？」

禪師回答說：「告誡自己，要心如木魚！」

官員說：「木魚哪有心？」

禪師說：「對啊！這即是無心打無心。」

木魚無心，擊者以無我之心擊無心。

兩相無心，無所住而生其聲：「空！空！空！空！」

一切皆空
脾氣不空
1
鐵舟到處參訪名師，一天，他來到相國寺見獨園和尚……
2
為了表示他的悟境，他十分得意。
心、佛，以及眾生，三者皆是空……
3
現象的真性是空。無悟、無迷、無聖、無凡、無施、無受。
4
唉呀！
噹！
5
您幹嘛打我？
6
一切皆空，哪兒來這麼大的脾氣？
「無善無惡，不受苦樂，一切皆空。」連這一句都不足與外人道，鐵舟擁有的不過是口頭禪罷了。

豈曾混淆

有一位雲水僧行腳時，路過一位老太太的庵前休息，他問老婦人說：「師姑！這座庵堂除妳之外，還有其他的眷屬嗎？」

老婆婆說：「有！」

雲水僧問：「怎麼沒有看到呢？」

老婆婆說：「喏！山河大地，山河草木都是我的眷屬呀！」

雲水僧又問：「無情不是有情，山河草木何曾是師姑？」

老婆婆反問：「那你看我是什麼人？」

雲水僧說：「俗人！」

老婆婆說：「你也不是出家人！」

雲水僧說：「師姑！妳可不能混淆佛法。」

老婆婆說：「我並沒有混淆佛法呀！」

雲水僧說：「俗人主持庵堂，草木皆成道友，妳這樣不是在混淆佛法是什麼？」

老婆婆說：「法師！你是男人，我是女人，何曾混淆？」

生活即是禪

有學僧問趙州禪師說：「什麼是道？什麼是佛？」

趙州回答說：「吃茶去！洗碗去！」

學僧問：「怎麼樣才能找到自心？」

趙州說：「掃地去！」

趙州禪師一碗茶，可以給你開悟，可以給你成佛做祖！

因為除了生活以外，沒有另外的禪！

方丈不是格言

有位和尚去請教趙州禪師，問說：「什麼是師父最重要的一句格言？」

趙州說：「我連半句格言也沒有。」

那人疑惑的說：「你不是在這裡做方丈嗎？」

趙州說：「是啊！我是方丈，我不是格言。」

無生祕義

有一位黑氏婆羅門，雙手舉著兩個花瓶前來獻佛。

佛陀對黑氏婆羅門說：「放下吧！」

婆羅門便將左手的花瓶放下，佛陀仍說：「放下吧！」

於是婆羅門又將右手的花瓶放下，但佛陀還是對著他說：「放下吧！」

黑氏婆羅門問佛陀：「我已經兩手空空，您還要我放下什麼？」

佛陀說：「我不是讓你放下手中的花瓶，我要你放下六根、六塵和六識。你將它們統統放下，便可超脫生死，超脫痛苦的輪迴。」

黑氏婆羅門當下悟通了無生法忍。

石頭在心外心內

清涼文益向桂琛禪師辭行，桂琛禪師指著庭院前一塊石頭，問文益說：「你知道三界唯心、萬法唯識。請問這塊石頭是在你心中？還是心外？」

文益回答說：「在心中。」

桂琛說：「你這個行腳僧，為何心裡要安一塊大石頭？」

清涼文益聽了，當下開悟！

合一的瞬間

日本詩人芭蕉有一首很著名的俳句：

萬古長空，古池，撲通一聲響！一蛙跳入水中。

此時此地主體客體、能知所知都不再區分，悟境就發生於這絕對合一的瞬間。整個宇宙迷霧，都在那隻青蛙撲通一聲跳落水中的那一瞬間，頓然煙消雲散。宇宙由因緣而生、因緣不再而滅。如同青蛙跳入古池中，消逝不見。

蘇東坡的禪三階段

翰林學士蘇東坡因與照覺禪師論道，談及情與無情。因而作未參禪前、參禪時、參禪悟道後三偈：

未參之前：

橫看成嶺側成峰，遠近高低各不同；
不識廬山真面目，只緣身在此山中。

參禪之時：

廬山煙雨浙江潮，未到千般恨不消；
及至歸來無一事，廬山煙雨浙江潮。

悟道之後：

溪聲盡是廣長舌，山色無非清淨身；
夜來八萬四千偈，他日如何舉是、示人？

見山又是山

蘇東坡參禪三個層次，正如青原行思禪師說的參禪三個階段，他說：「參禪前，看山是山，看水是水；參禪時，看山不是山，看水不是水；參禪後，看山仍是山，看水仍是水。」

禪者經此三關，雖能開悟，但並非修證，悟是解，修屬證，故禪者由悟起修，由修而證。如無修證者，若遇承皓禪師此等禪宗大匠，對你大喝一聲時，即瞠目結舌、啞口無言了。

求人不如求己

佛印禪師與蘇東坡同遊靈隱寺，來到觀音菩薩的像前，佛印禪師合掌禮拜。

蘇東坡問佛印說：「我們求觀音菩薩，為何觀音菩薩也掛著一串念珠？觀音菩薩在求誰？」

佛印禪師：「求觀音菩薩啊。」

蘇東坡：「觀音菩薩求觀音菩薩？」

佛印禪師：「觀音菩薩比我們還清楚，求人不如求己。」

一堆牛糞

蘇東坡到金山寺和佛印禪師打坐參禪，蘇東坡覺得身心通暢，於是問禪師道：「禪師！你看我打坐的模樣如何？」

佛印禪師說：「你像一尊佛！」蘇東坡聽了非常高興。

佛印禪師接著問蘇東坡道：「學士！你看我打坐的姿勢如何？」

蘇東坡嘲弄地回答說：「看起來像一坨大便！」

佛印禪師聽了也很高興！蘇東坡以為贏了佛印禪師，佛印禪師被自己喻為大便竟無以為答，於是逢人便說：「我今天贏了！」

消息傳到他妹妹蘇小妹的耳中，妹妹說：「哥哥！你輸了！禪師的心中如佛，所以他看你如佛，而你心中像大便，所以你看佛印禪師才像大便！」

誰不會打破碗？

有位老和尚有兩個徒弟，大沙彌和小沙彌。

一日飯後，小沙彌洗碗時不小心打破了一個碗。

大沙彌立馬跑去老和尚的禪房打小報告：「師父，師弟剛剛打破了一個碗。」

老和尚手撚佛珠，雙眼微閉說：「我相信你永遠也不會打破碗！」

不要理他

寒山問拾得說：「世間有人謗我、欺我、辱我、笑我、輕我、賤我、惡我、騙我，該如何處置乎？」

拾得回答說：「忍他、讓他、由他、避他、耐他、敬他、不要理他，再過幾年你且看他。」

我不見了

一個和尚犯了罪，一位官差押解他去服刑。夜宿旅店，和尚買酒將官差灌得爛醉，於是便將官差的頭髮剃光，自己逃之夭夭。

官差酒醒後，到處找不到和尚，摸摸自己的頭，發現是個大光頭，於是大叫說：「和尚倒是還在，但我自己跑去哪兒了呢？」

人生下來便是自己，然而世間有多少人活得像這個官差一樣，變成別人而找不到自己了。

種蘭不是為了生氣

金代禪師是位養蘭專家，有一天他出外遊化，囑咐弟子要把蘭花照顧好。弟子奉命每日為蘭花澆水，由於不諳蘭花特性，蘭花都枯萎了。

弟子們各個都很惶恐，只好等師父回來時再向他懺悔，請求處罰。

師父回山後，知道蘭花枯萎了，便召集徒眾，弟子們個個忐忑不安。

金代禪師說：「我養蘭是為了供佛，而不是為了生氣，弟子們你們辛苦了！」

不懂佛意

有一位在家居士學問很好，要註解《思益經》，去見南陽忠國師。南陽忠國師說：

「你的學問好到可以註經了嗎？」

說著說著，就叫徒弟端碗清水，放七顆米在裡頭，再放一雙筷子在碗上，然後問道：

「你曉得我現在要幹什麼嗎？」

居士說：「我不懂你的意思。」

南陽忠國師說：「我的意思你都不懂，佛的意思你真的懂嗎？」

無心則無過

有位居士在江邊散步，看到船夫將沙灘上的渡舟推向江裡，準備載客渡江。

此時剛好有一位禪師路過，這個居士於是一個箭步向前，作禮請示。

他問：「請問禪師，剛才船夫將舟推入江時，將灘上的螃蟹蝦螺等壓死不少，請問這是乘客的罪過？還是船夫的罪過？」

禪師回答說：「不是乘客的罪過，也不是船夫的罪過！」

居士不解，懷疑地問道：「兩者都沒有罪過，那麼是誰的罪過呢？」

禪師兩眼圓睜，大聲道：「是你的罪過！」

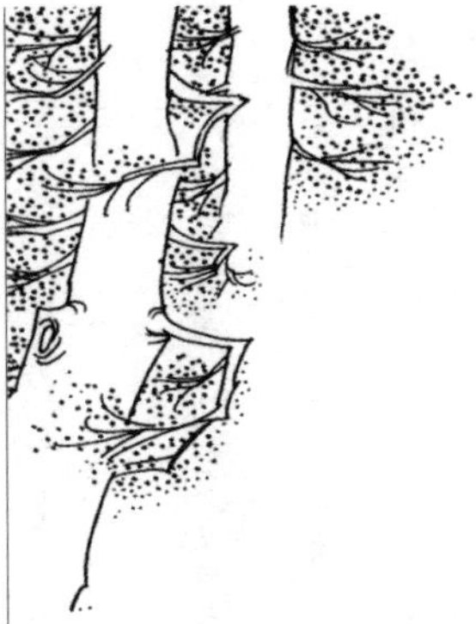

過在有心

有一天盲尊者迦丘帕喇到祇樹給孤獨園向佛陀問訊。那天晚上盲尊者經行時意外踩死一些昆蟲。第二天早上，精舍的比丘發現昆蟲屍體，認為盲尊者犯了戒，便向佛陀報告這件事。

佛陀首先問他們：「是否親眼看見尊者踩死這些昆蟲？」他們回答說沒有。

佛陀說：「正如你們沒有親眼看見他殺生，他也看不見這些昆蟲；因為他沒有殺生的念頭，所以並沒有犯戒。」

蒼蠅無心

一隻蒼蠅飛到禪師鼻頭上，停了半個時辰，又飛走了。

弟子們說：「師父，你如何辦到對蒼蠅無動於衷？」

禪師說：「蒼蠅無視於我的鼻子，我無視於蒼蠅。」

無惡意則無過錯，蒼蠅以禪師的鼻子為大地，禪師以蒼蠅為過客浮雲。匆匆而來，悠悠而去，相會一時，不留下對方的影子。

佛無所不在

有位禪師在佛殿裡課誦時咳了一聲，不小心將痰吐在佛像身上。

寺僧責罵他說：「豈有此理！怎麼可以把痰吐在佛身上呢？」

禪師又咳了一下，對寺僧說：「佛無所不在，虛空之中哪裡沒有佛？我現在還要再吐痰，請問我該往哪裡吐？」

幫助不善者
1
盤珪和尚在一次靜修中對弟子講道……有位小和尚手腳不乾淨，常常偷香油錢。
2
又抓到你偷錢了！
可惡
原諒他吧！
3
不行！他已經行竊了很多次，這次不能再原諒他了。
如果不把他開除，我們就集體離開這裡。
4
你們都是明智的師兄，知道是非，但他卻連是非都分不清，如果我不教，誰來教他？
我要把他留在這裡，即使你們全都離開也是一樣。
5
聽了這話……偷竊的那位和尚跪倒在地，洗心革面，從此悟出是非善惡了。
有一百隻羊而走失了一隻，你急忙到處尋找的不正是走失的那一隻嗎？把其他九十九隻撇在曠野，去幫助最需要幫助的。

道士背佛

有位道士在佛殿前背佛而坐。

寺僧對道士說：「道士，請不要背佛而坐。」

道士回答說：「佛無所不在，佛身充滿法界。請問我該向什麼處坐才對？」

寺僧無言以對。

遺錢不顧

隋朝益州淨德寺富上禪師，每天戴大斗笠坐在街道旁誦經，沒呼人布施。

有人施捨他沒致謝，也不祈福祝誦。

路人跟他說：「城西北人稠施捨多，你為何要在此化緣？」

富上禪師說：「每天化得一錢兩錢，已足以生活，何必化緣更多？」

陵州刺史趙仲舒聽說此事，故意騎馬經過將錢包掉在他面前，富上禪師瞧都不瞧一眼，還是念經自若。刺史又令人將錢取走，禪師也視若無睹。

刺史問他：「你整天只得一錢，貫錢在地，見人拿走，你為何不阻止？」

富上禪師說：「錢財非貧道之物，為何要阻止？」

陵州刺史聽了，下馬致禮，嘆服而去。

芥子納須彌

江州刺史李渤問歸宗智常禪師說：「佛經說：『須彌山能納芥子』，這我沒有疑問。但是又說芥子能納須彌山。這不是胡說八道嗎？」

歸宗問：「別人都說刺史大人讀書破萬卷，是真的嗎？」

李渤說：「是真的。」

歸宗說：「你的頭大不過椰子，如何裝進萬卷經典？」

李渤無言以對。

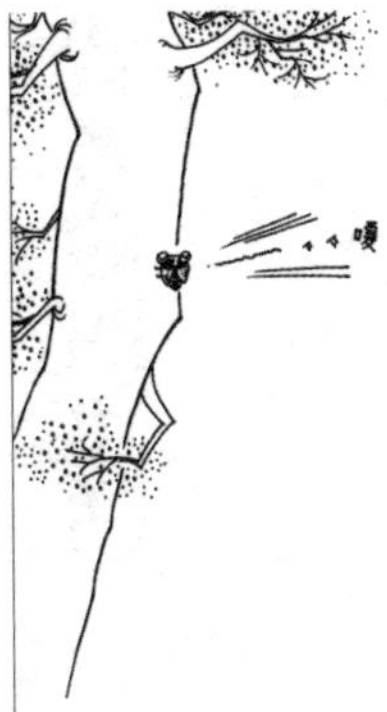

智者的四句話

印度有個學僧問智者說：「如何讓自己活在無苦境界？」

印度智者回答說：「把自己當成別人！」

學僧問：「如果我把自己當成別人，那要誰來當我自己？」

智者說：「把別人當成自己。」

學僧問：「做到這兩點之後呢？」

智者說：「把別人當別人、把自己當自己。」

學僧問：「為何要做到：『把自己當別人、把別人當自己、把別人當別人、把自己當自己』？」

智者說：「把自己當成別人則會達到無我、把別人當成自己則會心生慈悲、把別人當別人則是尊重愛、把自己當自己則是生命的智慧。能無我、慈悲、愛、智慧之時，即是抵達無苦的寂靜彼岸。」

生活即是禪法

學僧問趙州禪師說：「我是剛入門的求道者，誠懇地請求老師給予一些特別的指教。」

趙州說：「你吃過早飯沒有？」

學僧說：「謝謝！用過了！」

趙州說：「那麼，去把自己的食器洗乾淨吧！」

學僧說：「洗乾淨了。」

趙州說：「將地清掃一下吧！」
學僧說：「難道洗碗掃地之外，老師沒有別的禪法教我嗎？」
趙州禪師說：「我不知道除洗碗掃地之外，還有什麼禪法？」

禪不是語言文字，不是鸚鵡學舌，修行要落實為生活。

心中的落葉

鼎州禪師與沙彌在庭院裡經行，突然刮起一颼風，從樹上落下了好多樹葉，禪師就彎著腰，將樹葉一片片的撿起來，放在口袋裡。

在旁的沙彌就說道：「老師別撿了，明天一早我會打掃的。」

鼎州禪師說：「我多撿一片，地上便多一分乾淨啊！」

沙彌又再說道：「禪師，落葉那麼多，您前面撿後面又落下來，怎麼撿得完？」

鼎州禪師邊撿邊說道：「葉不只落在地上，落葉也落在我們心中，我撿心中的落葉，終有撿完之時。」

沙彌聽後，終於懂得禪者的生活是什麼。

俱胝一指禪
俱胝剛出家不久，一個人住在草庵裡自我修行。
1
有一天，一位法號實際的女尼來到庵裡，繞著俱胝走了三圈……
2
你說得出一句，我就摘下斗笠。
3
這其中含有無比的禪機，但到底是什麼呢？
4
既然回答不出來，我便告辭了！
5
她到底要我說些什麼呢？她的斗笠又代表什麼？
6

我連個女尼都比不上，還有何顏面在此獨自修行？
於是連夜收拾行李，決定天曉後即下山遊方。
ZZZ
貧僧天龍，看你神色不定，莫非有什麼不平？
!
俱胝便一五一十地敘述前日的奇遇……
我空有男人的身體，卻沒有大丈夫的氣概，連個女尼的問題都回答不出來……
你想知道正確答案？
請大師開示！
一切真理就是這個！

15
在這氣象萬千的
手指上，
16
一時是實際女尼的笑顏……
17
一時又化成百千
眾生的吶喊！
哇！
哇！
哇！
哇！
18
一時是潺潺的溪河，
瞬間又化作千隻彩蝶……
19
一時是高山峻嶺，
一時是危崖。

20
彷佛是寂寂不動的雄峰，迎面是冷冷盈耳的清風……
21
師父，我懂了，一即一切，一切即一。
22
師父！師父他走了……
23
從此，只要有人問俱胝禪師佛法，他即豎起一指示眾。
就是這個！
「萬殊一本，一本萬殊。」天下萬物有萬種差別，但卻來自一個本源；「天地一指也。」一指跟萬物沒有差別。

俱胝斷指
後來，俱胝收了一個沙彌，經常在旁邊看師父以指示眾……
就是這個！
每當俱胝不在，他就豎起一指，代替師父回答問題。
就是這個！
師父，有人前來參拜問法，我就代你豎指回答了！
!
這是鸚鵡學舌，算什麼禪？
哇哇哇！
童子，什麼是佛法？
!
!
師徒兩人各伸出一指，沙彌看到自己斷指，剎那間，頓然開悟。
別人悟通體會的事理永遠不可能變成自己的；除非你能從中自我悟通才能納為己用。

文章非禪

宰相裴休是黃檗禪師的弟子，有一次裴休把自己註解佛經的文章，拿去向黃檗禪師請教，黃檗根本沒有打開來看，便放在一邊。

過了一會兒，黃檗才問裴休：「你了解了嗎？」

裴休說：「我不了解。」

黃檗說：「你用我表示的方法去了解禪，或許還能把握一二，如果用文字去表達禪，就完全失去了禪的精神了。」

修佛

有一個人到深山寺院向禪師問道。

禪師問：「你到這兒來是幹什麼的？」

那人說：「我是來修佛的。」

禪師答：「佛沒壞，不用修，先修自己。」

日本茶道鼻祖

早在奈良時期日本就已將茶引入，但並不盛行。

日本禪宗開山祖師，建仁寺方丈榮西禪師於南宋時期數度到中國學禪，由中國攜回茶種，種植於築前背振山及博多聖福寺，又贈送高辨三粒種子栽植於母尾，後分植於宇治，為宇治茶園之始，漸漸地使茶更廣泛種植，榮西因此被尊為「日本的茶祖」。

宋朝時期禪法很流行，而茶具有遺睏、消食、快意等功效，因此禪林逐漸有吃茶風氣；吃茶禮儀、行法更成為禪門重要一環，於是有「茶禪一味」的說法。

榮西禪師將宋朝禪院的茶風引進日本，歸國後首度於鎌倉壽福寺、博多聖福寺、京都建仁寺等寺院，設立每日修行中吃茶風習。

西元一二一一年，榮西撰《吃茶養生記》一書，四年後，榮西禪師獻二月茶，治癒源實朝將軍的熱病，從此日本茶風更為盛行。

茶禪一味

有一天一休問弟子珠光說：「要以什麼規矩吃茶？」

珠光回答說：「學習第一個把禪引進日本的榮西禪師的《吃茶養生記》，為健康而吃茶。」

一休便講趙州《吃茶去》公案，然後問珠光說：「關於趙州吃茶去，你有何看法？」

珠光默默地捧起自己心愛的茶碗，正準備喝的一剎那，一休突然舉起鐵如意棒，大喝一聲將珠光的茶碗打破。

珠光向一休行禮離座，走到玄關時，一休叫了聲：「珠光！」

「是！」珠光答應後轉過身來。

一休問道：「剛才我問你吃茶的規矩，如果拋開規矩無心吃茶時，將如何？」

珠光靜靜地回答：「柳綠花紅。」

柳綠花紅

一休門下，日本茶道鼻祖珠光，經由一休指點，終於得到喝茶心境：「柳綠花紅。」

靜靜地欣賞、品嘗正呈現於眼前的自然、人生滋味。茶味禪味，茶禪一味。

茶杯禪理
1
呀！
一休禪師有一天打破了一個茶杯，這個茶杯是他師父非常喜愛的稀世之寶。
2
咳！
3
師父，人為什麼一定要死呢？
4
師父說：「世間萬物有生就有死，就像師父我也總有一天會圓寂的。」
5
一休小禪師拿出破碎的杯子：「那麼師父你別傷心，你的茶杯涅槃了。」
6
嘻嘻嘻
!
人生最可貴的是「生」的過程，有生自然會有死，能看透人的生死，自然也能看透物的生死。

一屁過江來
1
有一天，蘇東坡寫了一首佛偈，彰顯自己通達佛理……
2
他很得意地派人將這篇佛偈送到江北給佛印禪師看。
稽首天中天，毫光照大千；八風吹不動，端坐紫金蓮。
老師，請你過目這篇偈子。
我瞧瞧……
3
敢自稱自己八風吹不動？放屁！
4
大膽的老和尚，敢在我偈子上批個「屁」字，看我找你算帳。
5
蘇東坡啊！你不是自稱八風都吹不動你嗎？怎麼一個「屁」字就把你吹過江來了呢？
註：八風是得、失、毀、譽、稱、譏、苦、樂。
禪是一種層次，
一種境界，
一種實踐。
而只落入語言、
文字的禪是野狐禪、
口頭禪，
跟真正的禪沾不上一點邊。

第4章 什麼是開悟？

很多人都誤以為天才的創意由天而降。

走在街上，會掉下來的只會是招牌，不會是創意的靈光乍現！

創意來自於問題陷入困境，終日苦思，然後突然解開關鍵。

開悟也一樣：

沒有困境，便沒有頓悟！

沒有黑暗，就沒有光明。

人的一生，便是由剎那、剎那、剎那相加累積而成。

生命就在呼吸間，就在眼前！這便是生命的實相。

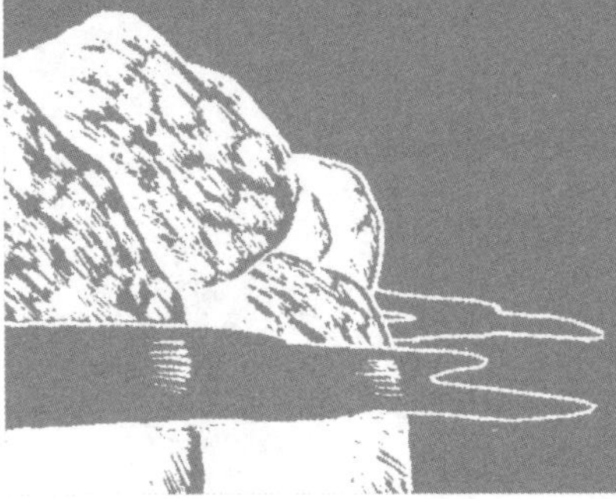

頓悟生命實相

開悟的情況跟突發奇想的創意有點像，五祖山法演禪師曾對弟子講過一個隱喻禪師開悟的故事：

有個小偷家族，兒子跟父親說：「您年紀已大，得找個時間教我偷盜技術和祕訣，免得失傳。」

父親亦答應了。一天晚上，父親帶兒子到一戶人家行竊，進去後便將衣櫥的鎖打開。

父親說：「你躲進衣櫥，看我展現偷竊技巧。」等兒子進去後，他便把櫥子鎖起來，突然大喊：「有賊呀！」之後轉身拔腿就跑。

這戶人家聽說有賊，趕緊搜查，但沒看到小偷，也沒遺失物品，因此又回去睡覺。

兒子苦思脫身之計，靈機一動學老鼠咬衣裳的聲音。一會兒聽到房內太太叫丫嬛拿燈來看，當衣櫥打開時，兒子趕緊將燈吹滅，一閃而去逃走了。家丁發覺真有小偷，在後面追趕，追到一口井邊，兒子拿起一塊大石頭拋入井中，自己繞道逃走。安全回家後，見到父親便埋怨父親陷害他。

父親問他：「你怎麼逃出來的？」

兒子把經過說了一遍，父親說：「你以後不愁沒飯吃了，我的技術、祕訣都傳授給你了。」

兒子聽了，恍然大悟說：「當小偷的關鍵不在於偷，而在於安然逃離現場。」開悟像這則故事一樣，得自己親身體悟，別人無法替代。

不經一番寒徹骨，焉得梅花撲鼻香。

有一信徒問趙州禪師：「請問禪師，如何參禪才能悟道呢？」

趙州禪師被他一問，立刻從座位上站起來說：「我要去小便了！」

說完起身後走了幾步，又回頭對信徒說：「你看連小便這樣的小事都還要我自己去，別人不能代替。」

禪宗講求頓悟，頓悟出生命的實相！我們無法改變過去，也無法兌現未來，只能掌握現在。生命的實相就是無我地融入於當下。

溪聲即是入處
有一位修行者，到山中拜訪禪師，請教禪的入門之法。
你來這裡時，路過山谷吧？
是的。
你有聽到潺潺溪水聲嗎？
聽到。
那麼從聽到溪水聲的地方進去，就是通往禪門之境了。
!
花開有花開的好；花謝有花謝的美，能體會到周邊各種情況的美好，於是你將進入禪的大門了。

生命只在呼吸間

有一天，佛陀問弟子們說：「比丘們啊！你們說生命有多長？」

弟子說：「四十年。」

佛陀說：「不對，不對！」

另一位弟子說：「三十年？」

佛陀說：「不對。」

弟子們不解地問：「那麼人生究竟有多長？」
佛陀說：「人生只在呼吸間。」

生命像火花一樣，方生、方滅。一剎那一剎那，生生相續。

過去一瞬間，不存在現在未來。現在一瞬間，不存在過去未來。未來一瞬間，不存在過去現在。生命只存在呼吸頃刻間，只在現前。

時間是很微妙的。我們的一生還有多長？我們無法預支、無法儲存。永遠只能兌現剎那現前。開悟者們悟通當下，才是生命實相。

《景德傳燈錄》有三則故事，說明開悟者的心如何面對眼前情境：

之一

唐朝藥山禪師門下有兩個弟子，一個叫雲巖、一個叫道吾。

有一天，大家坐在郊外參禪，看到山上有一棵樹長得很茂盛，綠蔭如蓋，而另一棵樹卻枯死了。

藥山禪師想試探兩位弟子的功行，於是問道吾說：「榮的好？還是枯的好？」

道吾說：「榮的好！」

再問雲巖，雲巖回答說：「枯的好！」

這時來了一位沙彌，藥山就問沙彌說：「樹是榮的好呢？還是枯的好？」

沙彌說：「榮的任他榮，枯的任他枯。」

雲巖、道吾的道行輸給沙彌，開悟者心沒有自己，坦然接受變化的情境，樹榮樹枯都不放在心上。

之二

學僧問洞山價良說：「寒暑到來時，該如何迴避？」

洞山說：「你何不到無寒暑之處去？」

學僧問：「哪裡是不冷不熱之處？」

洞山說：「寒冷時，自己徹底地化為寒冷；酷熱時，徹底地化為酷熱。」

之三

有一天正下著雨，鏡清禪師問學僧說：「外面是什麼聲音？」

學僧回答說：「是下雨聲。」

鏡清禪師說：「眾生顛倒、迷己逐物。」

學僧問：「老師，應該怎麼感覺才對？」

鏡清禪師說：「我就是雨聲！」

開悟者

洞山價良與鏡清不愧為開悟的禪師，他們無我地融入於當下，沒有冷熱，不為情境所苦。

佛陀說：「涅槃是畢竟空。」

空不是一無所有，空是一種無我境界。

無相曰空，空即是無相。

如果我們站在自己的立場，去評估眼前情境，於是便有際遇的好壞順逆，這就是有相。

如果我們能融入於變化時空，而沒有自己，便是無相，便進入空境。

《金剛經》說：「凡所有相，皆是虛妄。離一切相，是名諸佛。」所有當下都是一時條件聚合，隨時變化不居的。如果能無我地融入變化，便是開悟者。

送一輪明月
有一個小偷到良寬禪師的茅屋偷東西，結果發現沒有一樣值錢的東西。
1
！
！
2
你遠道而來，不該讓你空手而回，這件衣服你帶走吧。
3
4
可憐的傢伙，可惜我不能把這美麗的月亮也送給他！
5
一般人只追求名利，其實天地之間你擁有的何其多？星、月、山、水，一花一草都因你而在！

傅大士講經
有一次梁武帝請他講《金剛經》。
他上台拍了一下驚堂木，便下台了。
?
你了解嗎？
完全不了解。
但我講的已經說完了。
佛、道、禪是「不可說」，因為它用語言去解釋就會有偏差，因此「無法可說，是各說法」。

空與有的對話

有問空說：「空比有還要大是嗎？」

空回答說：「不是大，也不是小。」

有問空說：「空比有還要高是嗎？」

空回答說：「不是高，也不是低。」

有問空說：「不是大不是小，不是高不是低，那是什麼？」

空回答說：「空是一種境界，沒有自己，空不與別人相比，空涵蓋宇宙所有一切！」

墨竹朱竹
1
有人請一位畫家畫一幅竹。
2
太好了！太棒了！
3
可是顏色錯了，你將竹子畫成紅色了……
4
你想畫什麼顏色的呢？
當然是黑色的。
5
畫家說：「沒有人看過紅色的竹子，可是又有誰看過黑色的竹子呢？」
！
當你指責別人的錯誤時，很可能你自己所抱持的觀念也是錯誤的，還自以為對呢！

生命是時間的微積分

問：「如何是：過去之心不可得、現在之心不可得、未來之心不可得？」

答：「應無所住而生其心。」

問：「如何無所住？」

答：「無我、無我所。」

問：「無我、無我時，如何？」

答：「當下即是。」

問：「當下就是生命的實相？」

答：「生命只在呼吸間、就在剎那、就在現前。」

問：「請再明示一遍。」

答：「生命是時間的微積分。每個當下、剎那、瞬間就是微分，每個現前情境即是生命切片。無窮多數生命切片相加總和，就是一生的積分。」

我們無法明天去看雲、去看魚、去觀水，

因為看雲、看魚、觀水的明天也是明天的今天。

如果我們不能融入於今日、此時、此地、此刻，就沒有別的明天會來臨。

因為來臨的每一個明天、明天、明天，

都只是當時的今日、此時、此地、此刻。

人的一生，便是由剎那、剎那、剎那相加累積而成。生命就在呼吸間，就在眼前！這便是生命的實相。

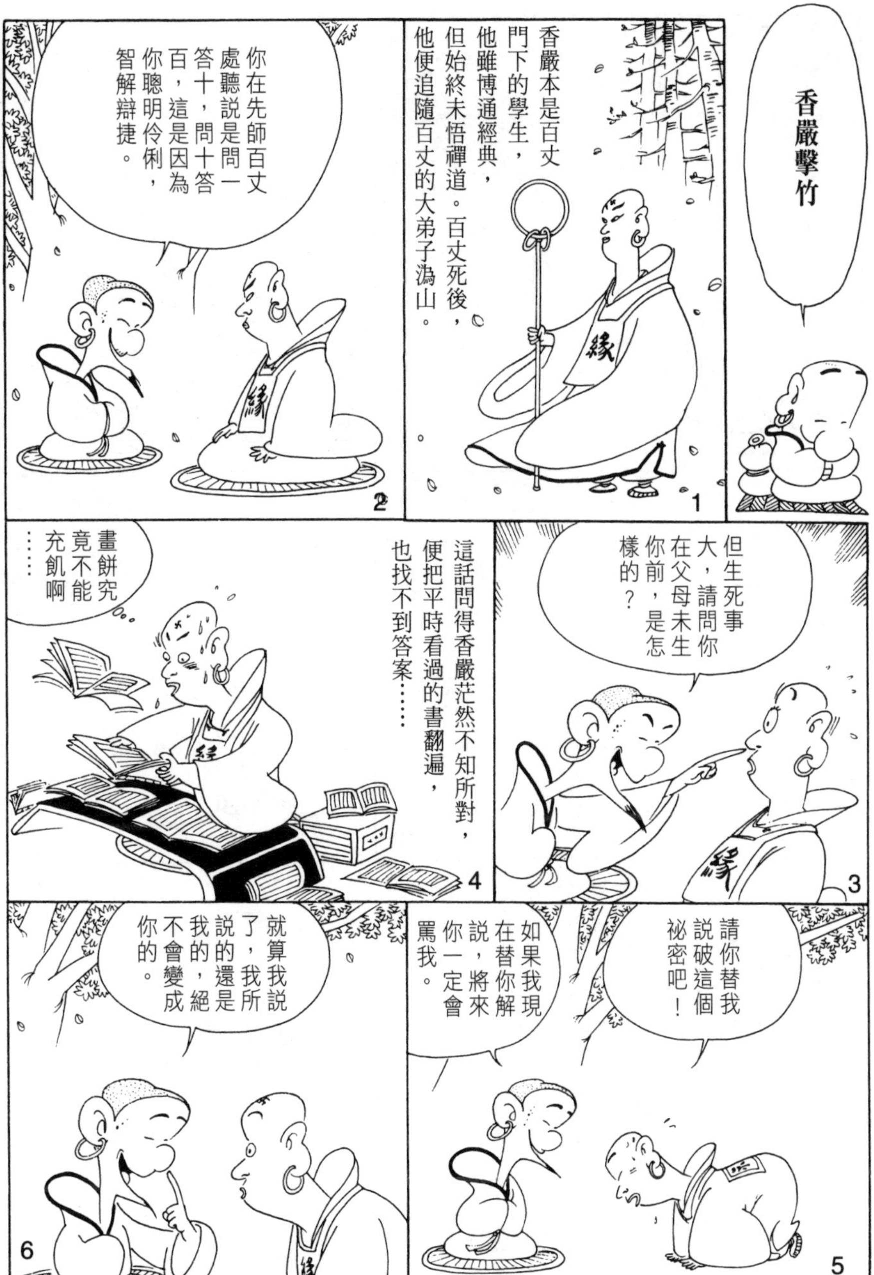

香嚴擊竹
香嚴本是百丈門下的學生，他雖博通經典，但始終未悟禪道。百丈死後，他便追隨百丈的大弟子溈山。
你在先師百丈處聽說是問一答十，問十答百，這是因為你聰明伶俐，智解辯捷。
但生死事大，請問你在父母未生你前，是怎樣的？
這話問得香嚴茫然不知所對，便把平時看過的書翻遍，也找不到答案……
畫餅究竟不能充飢啊……
請你替我說破這個祕密吧！
如果我現在替你解說，將來你一定會罵我。
就算我說了，我所說的還是我的，絕不會變成你的。

7
這輩子我不再學佛法了，還不如做一個到處化緣乞食的和尚呢。
緣
8
於是他到處雲遊，一次，他暫住在慧忠國師的遺跡古寺裡……
佛
緣
9
他正在除草時，偶然拋一塊瓦礫，擊中了竹子。
10
咚！
清脆的一聲，終使香嚴頓然大悟。
11
師父，你對我的恩惠勝過父母，如果當時你為我說破，哪有今天的頓悟呢！
當香嚴聽到清脆竹聲時，聽者與聲音已不再分立，而是聲音與他合一，當時就是全世界！

鏡清雨滴聲
鏡清禪師問他門下的僧人說：
瀝瀝瀝瀝
外面是什麼聲音？
是下雨聲。
眾生顛倒，迷己逐物。
老師，應該怎麼感覺才對？
我就是雨聲！
人應與境合一、物我相忘，沒入天地間唯一滴雨聲裡。此時二而為一，於是就能完全體會。

第5章 修行的目的

人生是件簡單的事，是我們自己把它弄得很複雜。

「只有死掉的魚才隨波逐流！」

魚從來都不思考：「水是什麼？水為何要流？水為何不流？」

這些只會徒增困擾的無謂問題。

魚只有一個最簡單的問題：「我要不要游？如何游？游到哪裡？」

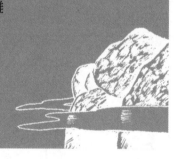

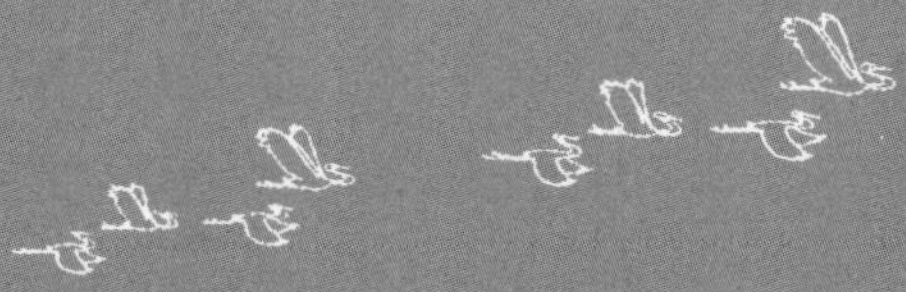

游到那裡做什麼？」

魚要在水中才能生存，
鳥要翱翔天空才快樂。

每艘船都能航行於水域，
每艘船都有屬於自己的彼岸。

每個人當在人生之始，便應想清楚自己行進的水域與航道，
朝向自己的人生彼岸邁進。

千萬種悟道法門

人是矛盾的！既期盼能出類拔萃、鶴立雞群，卻又生怕自己與眾不同。每個人都生而與眾不同，每個人都有獨特的一面。如果我們不發揮自己獨特的一面，而行為習慣價值觀與大家都一樣，卻又期望自己能出類拔萃，這豈不是非常矛盾？

人在自己的一生中，常自陷於無明的憂鬱深淵，無法跳脫出來。

人也常走進沒有出口的道路，走到盡頭才發現，原來根本不是自己要的人生之道。

一個人應如何才能不隨波逐流？
有多少人在人生的一開始就想通：

我是誰？
我從哪裡來？
我要去哪裡？

這個人生大問題呢？
我們來這一輩子到底為的是什麼？
每天為生活而忙，所為何來？
難道我們只能被動的隨著生活的腳步行動？而不能率性唱出自己的生命之歌？隨著內心的節奏、韻律自己獨舞？
每個人都生自於父母……

但是每個人還要把自己重生一次。

如同父母只生下我們的硬體，
而我們還要為自己灌進軟體。
每個人身體的條件都相差不大，
但每個人的想法卻相差十萬八千里。

雞寒上樹，鴨寒入水。
海是龍世界，雲是鶴家鄉。

無論一生還有多少旅途，
每一步都得自己親自走。

無論一生還有多少日子，
每一天都得自己親自過。

修行的目的是什麼？或許每個人各有不同理由，但不外乎想通生命是什麼？
人來此一生為的是什麼？

佛陀說：「通往彼岸和通往紅塵是同一條路，只是方向不同。」

每個人都有自己的路，
每條路都有自己的不同風貌。

天堂與地獄、紅塵與彼岸是同一條路，
只是方向不同！

人有千萬種，悟道法門也有千萬種；
得道之後的體悟也是人人不同。

師父領進門，成就在個人

有一次，法眼禪師打水時，發現泥沙堵住泉水出口。

法眼問學僧們說：「泉眼不通，是被泥沙堵塞；我們的道眼不通，又是被什麼塞住呢？」

僧眾聞言都無法回答。

法眼說：「被自己的眼睛塞住了。」

我們有眼睛看不到，有耳朵聽不到，常被自己的心所迷惑。佛陀開悟時說：

眼睛睜開了、
光明睜開了、
知識睜開了、
智慧睜開了、
巧善睜開了。
從前有眼睛看不到真實，
而今實相歷歷在眼前。

開悟的禪師接引弟子，令他們開悟得道的法門無非是讓弟子能明心見性。然而師父領進門，成就要看個人。

辜負

侍者為南陽慧忠國師服務三十年，國師想報答他，幫助他開悟。

有一天，慧忠國師呼喚道：「侍者！」

侍者回答說：「國師！做什麼？」

國師說：「不做什麼！」

過了一會，國師又叫道：「侍者！」

侍者立刻回答道：「國師！做什麼？」

國師又無可奈何地道：「不做什麼！」

如是多次，國師改口叫道：「佛祖！佛祖！」

侍者茫然不解地問道：「國師！您叫誰呀？」

國師不得已，便明白地說：「我在叫你！」

侍者不明就裡：「我是侍者，不是佛祖！」

慧忠國師搖搖頭，對侍者說：「將來你可別怪我辜負你。」

侍者說：「國師！無論如何我都不會辜負您，您也不曾辜負我呀！」

慧忠國師嘆氣說：「你已經辜負我了。」

針鋒相對
有兩座禪院比鄰而居，各有一名小沙彌；其中的一個每晨到市場買菜時，總會碰到另一個。
你要到哪裡去？
腳到哪裡，我到哪裡。
下次他仍這樣回答時，你就問他：「如果沒有腳你到哪裡。」
這下他定回答不了。
你要到哪裡去？

風到哪裡，我到哪裡。
舌戰又輸了！他不說腳，改說風了……
下次你問他：「假使沒有風，你到哪裡？」
好！
你要到哪裡去？
我到市場去。
！
哇！又輸了……
以變制變，將越逐越遠，以不變應萬變。變的伎倆有盡，不變的方法無窮。

求之於己

大珠慧海向馬祖道一禪師問道。

馬祖問：「你從哪裡來？」

大珠慧海說：「我從越州大雲寺來。」

馬祖問：「來這裡做什麼？」

大珠慧海說：「來求佛法。」

馬祖說：「我這裡一點東西都沒有，還有什麼佛法可求？你自己有寶藏還來向我求。」

大珠慧海說：「什麼是我的寶藏？」

馬祖說：「自家寶藏就在你身上，你都不知道，我怎麼給你？」

想通事理，發現自我，全在於自己。人往往騎騾找騾，走出大門越遠就越迷失自己。

萬事由心起

法融禪師是禪宗四祖道信的門徒；住牛頭山弘傳牛頭禪法，傳了六世，前後八十餘人。法融皈依道信前，是一位學問僧。在牛頭山幽棲寺北巖下潛修禪觀。有一天，道信到牛頭山拜訪法融，兩人於禪堂之外的石磯上閒坐聊天，這時很多隻法融飼養的虎狼圍繞法融身旁。道信裝出害怕的樣子，舉起雙手。

法融禪師見了便說：「你還有這個在嗎？」

法融回房後，道信在法融座上寫個「佛」字。法融忙完了自己的事，出禪房剛要落座，發現座上有個大大的佛字，口中念念有詞：「阿彌陀佛，險些侮辱了佛祖！」

道信在一旁哈哈大笑道：「你也還有這個在嗎？」

法融言下大悟，立即放棄平生所學，皈依了四祖道信。

道信對法融說：「百千法門，同歸方寸；河沙妙德，總歸心源。」

法融說：「是的，一切在於本心。」

道信說：「戒、定、慧不離於本心，無菩提可求，你今天都已經得到，與諸佛無有差別！」

法融問道：「既然心已具足一切千萬法門，那麼心與佛有何分別呢？」

道信禪師說：「如果無心，就無法起疑問佛，問佛的疑心就是覺心。」

法融說：「一有造作，即離本心，不可生起觀行，那麼境界起時，該如何對治？」

道信說：「一切情境無好壞之分，是我們的心強做分別。如果心不強加各種美醜、好壞、淨穢，面對情境時，心應如空谷飛鳥，如深潭雁影；鳥行空無痕，雁去潭無跡。」

人的心被自我渴望貪欲和周邊事物所迷惑，痛苦煩惱來自於不明事理的那顆心。

在宇宙中，人是什麼？

對無窮而言他是空無，

對空無而言他是一切！

人站在過去與未來之間，
掌握當下、剎那、瞬間！
如果一個人真能找到自己、找到自己的人生之道，那麼便達到彼岸，
處於解脫自在清淨之道的無苦境界！

虛空不眨眼

1
慧思在慧能處印證了以後，便到南陽的
白崖山度了四十餘年，從未離山一步。
2
西元七六一年，
肅宗邀請他到京城，
尊為國師。
3
在一次法會上，
肅宗向他問了很多問題。
他卻不看肅宗一眼。

我是大唐的天子，你居然不看我一眼。
皇上可曾看過虛空？
看過啊。
那麼請問虛空可曾對你眨過眼？

萬物皆法

佛窟惟則禪師出家後，在浙江天台山翠屏岩的佛窟庵修行。他用落葉鋪蓋屋頂，結成草庵，以清水滋潤咽喉，每天只在中午採摘山中野果以充飢。

有一天，一個樵夫路過庵邊，見到一個修道老僧，好奇地向前問道：「你在此住多久了？」

佛窟禪師說：「已經四十寒暑。」

樵夫又問：「你一個人在此修行嗎？」

佛窟禪師說：「叢林深山一個人已嫌多，還要多人幹什麼？」

樵夫再問：「你沒有朋友嗎？」

佛窟禪師以拍掌作聲，很多隻虎豹由庵後走出來，樵夫大驚。

佛窟禪師說：「不要怕。」

示意虎豹退庵後。

佛窟禪師說：「我的朋友很多，大地山河，樹木花草蟲蛇野獸，都是我的法侶。」

松廣寺是韓國三大古寺之一，寺郊設有「佛立茅篷」，住了一個得道的僧人，經常有信徒前往參謁請法。

有一天，有位信徒慕名前去，看到禪師便問：「您就是松海禪師嗎？」

松海禪師說：「不是我還有誰？」

信徒又問：「您一個人住在這荒山野外，不會太孤單嗎？」

松海禪師說：「山中有這麼多的樹木草花、禽鳥野獸，哪會孤單？」

信徒說：「我在門外等了很久，以為禪師在內午睡。」

松海禪師只是笑笑回答說：「螺螄蚌殼類一睡一千年，住在這種地方時間寶貴，哪能睡午覺浪費時光？」

信徒問：「禪師，您每天都做什麼？」

松海禪師淡淡地說：「不做什麼。」

信徒問：「不做什麼？不是很無聊嗎？」

松海禪師說：「鳥語花香、蛙叫蟲鳴，大家都忙得不亦樂乎。」

千錘百鍊出深山，烈火焚燒莫等閒；

粉身碎骨都無怨，留得清白在人間。

吾無隱乎爾
1
禪宗的究竟奧義是什麼？
2
《論語》上說「吾無隱乎爾，」禪對你也沒有什麼隱藏。
3
我還是不懂。
4
跟我到後山走走……
5
黃庭堅說：「聞到了。」
6
!
禪師：「你不是一直向我請教禪的奧義嗎？你看！我一點都沒有跟你隱藏。」
把握現在，體悟當前，別錯過人生中的每一事，每一物，夜夜是春宵，日日是好日。

一日不作
一日不食
1
百丈活到九十四高齡，還與門人一起工作。門人不忍看他太勞累，就把他的工具藏起來。
2
嘻
咦？我的工具呢？
3
一連三天，百丈沒有做工，但也沒有吃東西。
師父吃飯啊……
不吃！
4
師父！工具還您。
謝謝。
5
百丈因為工作了，
6
也就不再絕食了。
7
真飽！
8
一日不作；一日不食。
有能力工作而又有工作做，天福也。沒有能力工作而又可以不必工作，天福也。

日日是好日

雲門禪師問學僧說：「我不問你們十五日月圓以前如何，我只問十五日以後如何？」

學僧們說：「不知道。」

雲門說：「日日是好日！」

春有百花秋有月，夏有涼風冬有雪；

若無閒事掛心頭，便是人間好時節。

凡事都有好的一面與壞的一面，只看到壞的，只好自怨自艾；能同時也看到好的，即能日日是好日。

先後有序
1
一位富人向仙崖和尚求墨寶……
2
父死 子死 孫死
仙崖和尚
哇！
3
我是請你寫吉祥好詞，你怎麼開這種玩笑？
這是好詞啊！
4
假如你的兒子先你而死，你將十分悲痛，假如你的孫子在你兒子之前死了，你父子將十分悲痛！
5
如果你家人一代一代的照我寫的次序死，那叫作享盡天年，這才是真正的興旺啊！
有道理！
生為徭役，死為休息。「死」像一個遊子回到家一樣。人人能享盡天年按次序死不正是更大的福氣嗎？

把自己放在正確的地方

禪：是人生最大的覺悟！

當我們悟出生命的實相之後，便能正確的踩出過去、現在、未來的每一個腳步。

禪師說：「我們處於任何情境時，要應無所住而生其心。」

弟子問：「無住，無住在哪裡？」

禪師回答說：「任何時、任何處，都無所住。」

人生第一個開悟是自我發現「自己的天賦」。

我們打開門走出去，
是因為我們知道自己要去哪裡。

而我們的整個人生到底要怎麼走？
要往哪裡去？要達成什麼？

走了半輩子竟然還不知道，
豈不是很荒謬？

人一生最重要的思考是：「我有幸來到此世，而這輩子的我，應該如何自處？」

如果我是魚，深淵便是我的天堂。
如果我是鳥，天空才是我的樂園。
天堂就是：擺自己在對的地方。

哀莫過於錯認自己的角色：
魚自以為自己是鳥，鳥自以為自己是魚。

天堂就在凡間，
紅塵即是彼岸！

讓魚當魚、讓鳥當鳥，
就是天堂！

若是讓魚當鳥、讓鳥當魚，
就是地獄！

我們是自己的天堂，
我們是自己的地獄。

天堂與地獄就在我們的六呎之軀。
擺自己在錯誤的位置，便墜入地獄！
擺自己在正確的地方，便置身天堂！

然而世間有多少人真正能在一開始便做好正確的選擇，
然後無悔的盡情做自己、走屬於自己的人生之路？

禪師對弟子說：

在這裡你學不到禪，
你只會學到如何思考。
你學不到知識，

你只會得到智慧。

你得不到文憑，

你只會學到真本領。

禪：是了悟生命實相之後的生活態度。

點燃心中的黎明，做自己的燈，指引自己的道路。

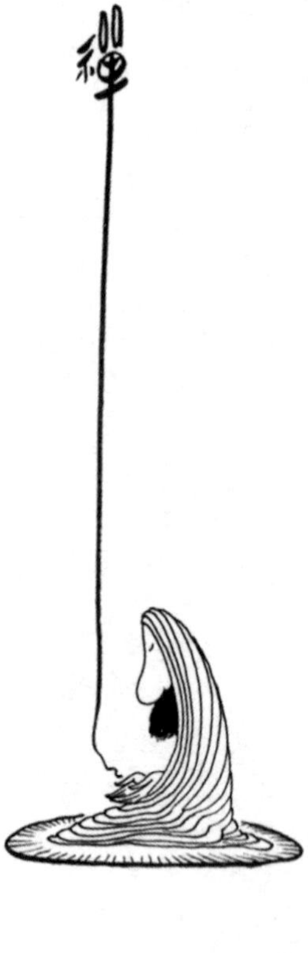

雲想衣裳
花想容
未悟之前：
魚兒想飛，
鳥兒想潛水；
開悟之後：
雲在青天，
水在瓶中。
你是鐵砧時，應屹立不搖；
你是鐵錘時，應奮力敲擊。
你是魚時，暢游水域；
你是鳥時，翱翔天際。

跋

莫讓自己空在人間走一回

我們有幸來此一生，雖然生命難得、人身難得，但大多數人都渾渾噩噩毫無計畫匆匆過此一生。有多少人能在一開始便先想清楚這難得的一生應該怎麼走？難道非得等到夕陽將盡，我們即將死亡離去之時，才再後悔、懊惱不已？

人生是什麼？

人生有什麼目的？

人的一生到底應該怎麼過？

相信大多數人都曾在他的人生旅途中，思考過這個「人生大哉問」！但有多少人真正想通人生問題，然後完完全全依自己正確的想法去實踐自己的一生？每個人的內心深處都有一塊心靈聖地！每個人都應往自己內心深處尋找屬於自己的那塊淨土。而哪裡才找得到我們內心深處的那塊寂靜淨土？地位、財富、權力，這些世人所看重追求的東西，在開悟禪師眼裡只不過是朝露。

北宋五子周敦頤也對禪很感興趣，他晚年住在廬山蓮花峰下，佛印禪師住持廬山歸宗寺，周敦頤常到寺院參訪佛印禪師。

有一天，周敦頤問佛印禪師說：「《中庸》說：『天命之謂性，率性之謂道。』為何禪宗說『無心是道』？」

佛印禪師說：「疑則別參！」

周敦頤說：「參則不疑，究竟『道』是什麼？」

佛印禪師說：「滿目青山一任看！」

周敦頤聽後滿心歡喜，對佛印更加敬佩了。

又有一次，周敦頤看到窗外嫩草生氣盎然，心中若有所悟，不禁讚嘆：「這正是我心中的意境啊！」

於是寫了一首詩偈呈給佛印禪師：

昔本不迷今不悟，心融境會豁幽潛；
草深窗外松當道，盡日令人看不厭。

佛印禪師也以一首詩偈應和：

大道體寬無不在，何拘動植與飛潛；

行觀坐看了無礙，色見聲求心自厭。

周敦頤終於體會禪的境界，滿目青山一任看，
行觀坐看了無礙的人生態度才是正確的。

不經歷風雨，怎能見彩虹

鑒真大師剛出家時，方丈讓他當化緣的行腳僧。

有一天，日已三竿，鑒真依舊長睡不起。

方丈叫醒鑒真問：「你今天為何不外出化緣？」

鑒真說：「因為昨夜下雨，今天路上泥濘不易行。」

方丈說：「隨我到寺前路上看看吧。」寺前黃土坡，路面泥濘不堪。

方丈說：「你要做撞鐘和尚，還是想做光大佛法的名僧？」

鑒真答：「我想做名僧。」

方丈說：「昨天你走這條路回來的？」

鑒真說：「是啊。」

方丈問：「找得到你的腳印嗎？」

鑒真說：「昨天這條路又乾又硬，哪能留下腳印？」

方丈說：「如果今天在這路上走一趟，能找到你的腳印嗎？」

鑒真說：「當然能。」

方丈說：「泥濘路才能留下腳印，不經風雨有如踩在硬馬路上，什麼也沒有留下。」

鑒真恍然大悟，後來鑒真終於成為傳法日本的名僧。

問：「開悟者無法形容心中感受，像什麼？」

答：「啞巴吃蜜！」

問：「沒有開悟，卻說得頭頭是道，那又像什麼？」

答：「鸚鵡學舌。」

問：「為何到處有人宣稱自己開悟？」

答：「在沒有馬的國度裡，驢子誤以為自己是馬。」

問：「什麼是生命實相？」

答：「當下即是。」

問：「開悟後的境界如何？」

答：「如人飲水，冷暖自知。」

希望各位讀者看完這本書後，對禪能有更深的了解，使自己成為走在泥濘路上的一匹良駿。

蔡志忠作品
禪宗解密

作者：蔡志忠
責任編輯：鍾宜君
編輯協力：李雅如
美術編輯：林曉涵
校對：呂佳真
法律顧問：董安丹律師、顧慕堯律師
出版者：大塊文化出版股份有限公司
台北市105022南京東路四段25號11樓
www.locuspublishing.com

讀者服務專線：0800-006689
TEL：（02）87123898　FAX：（02）87123897
郵撥帳號：18955675　　户名：大塊文化出版股份有限公司

總經銷：大和書報圖書股份有限公司
地址：新北市新莊區五工五路2號
TEL：（02）89902588（代表號）　FAX：（02）22901658
製版：瑞豐實業股份有限公司

初版一刷：2016年1月
初版六刷：2024年5月
定價：新台幣250元
Printed in Taiwan
ISBN：978-986-213-662-1

國家圖書館出版品預行編目(CIP)資料

禪宗解密 / 蔡志忠作. -- 初版. -- 臺北市：
大塊文化, 2016.01
面；　公分. -- (蔡志忠作品)
ISBN 978-986-213-662-1(平裝)

1.禪宗

226.6　　104022178